奎文萃珍

安居金鏡

上册

［清］周南　吕臨　輯

文物出版社

圖書在版編目（CIP）數據

安居金鏡 / (清) 周南, (清) 吕臨輯. -- 北京 : 文物出版社, 2024. 9. -- (奎文萃珍 / 鄧占平主編).

ISBN 978-7-5010-8503-3

Ⅰ. B992.4

中國國家版本館CIP數據核字第2024GE5193號

奎文萃珍

安居金鏡 〔清〕周南 吕臨 輯

主　　編：鄧占平
策　　劃：尚論聰　楊麗麗
責任編輯：李子裔
責任印製：王　芳

出版發行：文物出版社
社　　址：北京市東城區東直門内北小街2號樓
郵　　編：100007
網　　址：http://www.wenwu.com
郵　　箱：wenwu1957@126.com
經　　銷：新華書店
印　　刷：藝堂印刷（天津）有限公司
開　　本：710mm × 1000mm　1/16
印　　張：45.75
版　　次：2024年9月第1版
印　　次：2024年9月第1次印刷
書　　號：ISBN 978-7-5010-8503-3
定　　價：260.00圓（全二册）

序言

《安居金鏡》八卷，清周南、吕臨輯，此書是一部介紹居家宅地風水形勢的典籍。

堪輿相宅之法，古來有之。究其起源，當是源于先民選擇適宜定居建宅之地的樸素思想。《尚書·洛誥》中的『我卜河朔黎水』『我乃卜澗水東，瀍水西』，是以占卜的形式選擇吉地，似與後世之堪輿相地之術有別。《周禮·土方氏》所載『以土地相宅』，則已接近堪輿之術之以地理特徵擇吉的方法。《大雅·公劉》記公劉率衆遷豳之事，講到公劉選擇定居之地時『既景乃岡，相其陰陽』『觀其流泉』『度其隰原』，觀察方位、朝向、山川水流，已具備了後世堪輿之術的基本方法。睡虎地秦簡中，有《作事》《相宅》等篇，亦與相地有關。但早期與堪輿相關的文獻大致有兩個特徵：其一是相地的標準較爲簡單，其依據多是山水向背等自然因素，後世堪輿家常用的氣、五行等概念，還未引入其中。其二是所見材料多爲相陽宅之法，未見與相陰宅相關的文獻，因此《四庫總目》謂『相宅之書，較相墓爲古』。至漢代，《史記·日者列傳》將堪輿家與五行家并列，王充《論衡》記當時即有專門爲人相墓之『塚師』，可見此時堪輿之術已經成爲一門較爲成熟的技術。其後至晋，堪輿等方伎更爲興盛，有從事此道的學者，亦有著作。傳説郭璞就善于堪輿之術。《世説新語·術解》中記載了三則與堪輿有關的故事，有兩則均與郭璞有關，其中一則云：

晋明帝解占塜宅。聞郭璞爲人葬，帝微服往看，因問主人：『何以葬龍角？此法當滅族！』主人曰：『郭云此葬龍耳，不出三年，當致天子。』帝問：『爲是出天子邪？』答曰：『非出天子，能致天子問耳。』

其中『葬龍角』『葬龍耳』等概念，已與後世堪輿術中『龍』的概念相當接近。又《南史·武帝紀》載：

時有孔恭者，妙善占墓，帝嘗與經墓，欺之曰：「此墓何如？」孔恭曰：「非常地也。」帝由是益自負。

從上述兩條記載可知，堪輿之術在當時不僅是一門專門的學問，并且有着相當廣泛的接受程度。自帝王以下，均深信其事，并存在一套普遍認可的標準。與此相應的是，南北朝時期出現了不少專門的堪輿類著作，如《隋書·經籍志》即著録有《地形志》《宅吉凶論》《相宅圖》《黄帝葬山圖》等著作。

唐宋以下，堪輿之術更盛。至明清，則幾乎成爲人倫日用而不可缺的專門技術。明清日用類書中即多有堪輿之迹，明清兩代纂修之家譜，卷首亦多按堪輿術畫出祖塋地圖，可見此時堪輿術已經廣泛被社會各個階層接受。

《安居金鏡》卷端題『周南梅堂甫、吕臨蔚若甫仝輯』，二人生平未詳。書前有周南自序，落款爲『周南梅堂氏書于壽南堂中』，可知壽南堂爲周南堂號。其書分爲八卷，輯録了當時常見常用的堪輿文獻。其中既有當時常用之《相宅全書》，亦有托名前人所撰之《青烏子宅經》《子夏宅經》等書。將這些歷史上的堪輿文獻纂爲一書，頗便觀覽。但能從事此項工作者，必是從事堪輿之術者，其書于文獻輯佚方面却未盡完備。如卷二所列《青烏子宅經》一種，僅有『其宅得墓，二神漸護』一條。然前舉《世説新語》『晋明帝解占塚宅』條，劉義慶注明引《青烏子相塚書》，與此處所謂《青烏子宅經》當系一書，却未被輯入，實爲疏漏。

堪輿之學以更客觀的角度來審視，除去其中『龍』『氣』等迷信色彩和五音五行等附會内容，其思想内核仍是樸素的擇地之術。且堪輿之術相承已久，歷史上長期指導都邑、宫殿、陵墓的建設，因此仍具有重要的學術史意義。《安居金鏡》一書，雖所出較晚，但影響極大，今據清乾隆四十五年（一七八〇）壽南堂原刊本影印，以供研究者使用。

編者

二〇二四年六月

錢塘周梅堂手輯
仁和王司直叅閱

安居金鏡

壽南堂藏板

序

今之人好言秘書每得一種輒深自寶藏以爲獨淂之奇雖密友亦求一見而不可得余甚薄而笑之天下好書必盛行而不秘其秘而不盛行者必古人所廢棄或鄙俚不堪寓目無識者以爲神而私相

授受吁可怪也且夫日用常行之正道昭〻如日月之在天地間又何秘之云有試觀吾儒之書其盛行者聖經賢傳也其不盛行之書有妙於聖經賢傳者乎釋氏之書其盛行者楞嚴法華也其不盛行之書有妙於楞嚴法華者乎道家

之書其盛行者道德南華也其不
盛行之書有妙於道德南華者乎
妙者不秘〻者不妙信不誣也余
集安居金鏡一書為居家趨避之
要明如指掌朗若列眉有志斯道
者咸可覽卷而得第術家之書不
一珍毒雜陳吉凶互異不審夫理

之所在而遽冒昧妄行其先未嘗不自欺而其後卒因以欺世迨至久而自負之心愈固若不妨鑿一已之私智顛倒禍福鼓惑庸愚其弊殆不可窮詰此真可為太息而長歎者也更有好事者不知避之不暇而喜其說之動聽猶重而守

之且復矜自炫異一則曰秘書再則曰秘授相宅之道日流於僻而不歸於正矣余素性不善讀書而苟有所得雅欲公之同好是編亦不過易卦陰陽之盛衰五行氣化之生剋據理直書無他謬巧後并附論圖象取用之故令人曉然其

由如或於規矩準繩之中而能以規求圓以矩求方以準求平以繩求直此則在乎神而明之者又何有道之不可見哉

乾隆四十五年歲次庚子夏日錢唐周南梅堂氏書於壽南堂中

安居金鏡

黄帝曰夫宅者乃陰陽之樞紐人倫之軌模非夫博物明賢無能悟斯道也就其五種其最要者惟有宅法而真秘凡人所居無不在宅雖只大小不等陰陽有殊縱然客居一室之中亦有善惡大者大說小者小論犯者有災鎮而禍止猶藥病之效也况宅者人之本人以宅爲家若居安即家代昌吉若不安即門族衰微墳墓川岡並同茲說上之軍國次及州郡縣邑下之村坊署柵及至山居但人所處皆其例焉目見耳聞古制非一吉凶歲月

不啻燦若指掌而爲卜居者之司南哉

乾隆歲次甲子秋八月中浣五日仙根書於玉峯

思半書齋

安居金鏡卷一

周　南梅堂甫
呂　臨蔚若甫　仝輯

吳永年巽嶼甫鑒定　王惟諫司直甫參閱

薛　儁理齋甫
陸　煌檀甫甫　仝較

相宅全書

宅龍

先王建國必依山川舊都歷歷咸可考焉四垣入座衆水交纏龍樓峙後鳳闕當前向明而治握乾

承天惟民所止福澤綿延風有南北俗有秦燕晉
楚稱富齊魯多賢殊音尚異地勢使然是以鄉市
須得龍止聚而不散居之方美辨其龍星雌伏雄
起或作火木或土金水高山項圓垂帶蹁躚堆浪
起泡亦作水傳孕靈育秀簪笏蟬聯尖聳爲火淨
正不頗焰或三分爵祿必夥喜作祖宗極貴無禍
金如鍾釜或斷或連主富生武須看變穿變穿土
木文武兼權文星爲木身聳腰纖高昂特立秀重
力專或三或兩或正或偏斷其科第定其後先土
方而平稜角須明或如廚櫃或如几屏致富最厚

安享榮尊五星成位四凶不入八將森羅衆山拱
揖一水灣環去而復集大則爲都小則成邑

龍忌

龍之低昂必有所結穿之鑿之能興妖孽木傷不
榮火傷焰滅土傷則傾金傷缺折惟水雖傷斷而
復綴土爲火子金之所母子母相隨多吉少咎木
雖尅土亦賴土厚水雖潰土非土孰受惟木最秀
所遇多疚遇火必焚遇金則仆水實潤之多亦爲
寇土雖培之壓亦不茂次惟水貴水且多畏土塞
則壅火煎則沸煞火汨陵惟金不諱火最易發而

亦易歇貴則隆隆沒則汩汩審其變穿吉凶難越

沙應

左右前沙禍福攸係尖秀端圓其應科第卓筆巽辛玉堂草制堆甲屯軍干城世濟頭側項斜盜賊作戾孤曜前橫僧道出世燥火崔巍瘟疫相繼更生跏跛回祿連歲若逢掃蕩切莫相向爭訟日興枷鎖不放男子遠遊女人無狀惟彼天罡稜側而昂投軍作賊刀兵死傷擬其形容定其方向在子子應在午午當或從三合推類消詳建橋立塔築鑿城隍俱有方位慎毋胡裝一橋關鎖力敵重岡

樹以崇屋富貴無量一塔獻秀曜氣凌蒼翩翩士子名播文揚

水口

維茲水口衆水所受貴于周密交牙鎖紐横截中流不放水走如彼關隘將官把守執銳披肩昂頭交肘稜崖峭壁奇沙怪石低爲禽星高爲獸格獸之所像雷豹犀象尾拖下流頭逆向上禽星維何爲雁爲鷺如鶴停渚如鳧泛波如鼉如魚印笏舟車劍戟幕帳左右交加十重百重氣勢益雄生耳生角凌雲卓空神童會狀將相侯公咸于此出立

德立功又有羅星火羅之精火星龍度此星乃生尖圓方扁得其正形或石或土石者更勀力敵萬山鎮塞羅城邊田邊水骨脉分明大忌水破及夫額崩非獨官退舉亦無名載觀輿圖州郡京都各有羅星四面水紆天河砥柱江西小姑灩澦川口焦金在吳赭龜橫海爲浙之樞中流截氣財賦名區又有沙洲首逆上流一洲巨富三洲更優忽然見出水口最吉士子登崇官人進秩其洲若低名塌水犀只屯商賈永無貴期

水應

氣爲水母水爲氣子子母相隨環聚斯美九曲腰圍紆金衣紫洋洋江潮列土千里若聚天心富貴無比下砂如手逼水入口或纒背後福祿悠久疊疊水田跨坵連畝勝于海潮富貴稱首洋洋悠悠顧我欲畱瀦而後洩居之最優響如鳴珂貴亦巍巍聽之凄切其應奔波聲若潺湲喪禍連綿漏槽衝背常退牛田射脇穿臂刑禍顛連當面直去外死不旋反主陵替斜則迍遭水凶宅吉金盤之格金盤若傷還可從革水吉宅凶猶如玉盤玉盤一破無復再完蛟潭龍窟切勿近宅陰盛陽衰貧寒

窘迫

相址

神前佛後古獄戰場祭壇廢址爐冶碓房油坊壞塚斷壠重岡山衝水割交道闉隍民居勿邇犯着與殃前低後高代出英豪前高後低愚蠢兒曹左下右昂家有賢郎陽宅則吉陰宅不祥左高右下陰宅不怕陽宅不宜逃亡衰謝

宅地平坦爲梁土居之大吉後高前下爲晉土居亦大吉多牛馬西高東下爲魯土居之富貴更出賢人前高後下爲楚土居之凶出盲聾四面高中

央下爲衛土居之先富後貧

宅木

四圍樹木最喜陰濃向宅則吉背宅則凶刊其背可無害蒼松翠竹森森繞屋人旺財豐着緋着綠陽茂男昌陰茂女艮北枯女喪南枯男當大樹當門牛馬多瘟枝斜向內哭泣常存獨樹枯朽翁招寡母若有藤纏自縊其首屋頂枯樹鬼祟團聚寡母孤兒乞墦爲務戌方樹大主遭大害根若穿門蛇傷兒輩門樹兩般異姓同餐家多孤寡六畜凋殘樹腫其本盲聾顛蹇惹怪來家偷雞弄犬樹腫

腰頭淫不知羞犬雞作怪癆瘵不瘳大樹空心爲
啞爲瘖婦多常病服藥呻吟樹踡而跼見于文曲
男女貪花爲家之辱樹腫而辮破軍方見藁砧外
死佳人涕泣樹頭向外人遭徒配瞎眼駝腰家私
冷退樹頭垂倒溺水難保更起瘟癀顛倒煩惱樹
叢椏杈如刀如牙婦姑相誶子罵其爺兩樹夾屋
瘟癀反復更主奸淫是非不睦宅東種柳益馬及
向西則不宜人罹枷紐宅西種棗牛服水草桃栽
其方淫邪顛倒宅後有楡鬼不敢逾芭蕉勿樹常
爲鬼區宅前有槐富貴大來椿生聾啞椒惹非災

冬青如斗家財漸走溝澗有桑男女弄醜果樹成茂披屋左右疾病相磨書符持咒桃忌東園柳忌垂門杏不東樹李不北蕃

牆籬

門前土牆狀如彎弓其家必富財穀無窮一重一峰兩重兩峰横如一字多黍多穜繞繞而低疾病相隨藤蘿交結災禍常罹牆無遮蓋家須冷退形類棺材外死不貸若冲其門常被人論婦罵翁姑不分卑尊忽然崩陷官訟頻繁牆籬斜倒財物如掃夾路交加徒配枯槁生荚生藾虎傷其畜修之

除之爲居之福

池塘

塘居屋左長子形禍中子換妻財物如簌屋右有塘災生幼房更招寡婦缺衣欠糧屋後有池必主妻刑頻年目疾惹禍招危門前三塘孤寡難當時聞哭泣溺水身亡屋後屋前兩口塘穿入多夭折塡起方蠲形如猪肚沽酒賣腐若似猪腰女多妖嫵

天井

天井宜深二尺七寸大旺庄田百事如願砌磚完

葺須十五級淺則爲凶財錢不集若傾而倒休誇屋好夭折貧窮田園不保如逼而窄前後閼塞孕出兒頑慳貪吝嗇如局而狹左右挨挨愚濁心胸艱難度活若反而背家業日退拗子逆妻不受訓誨若窒而塞石堆頑黑孕婦傷胎子嗣艱得如有土阜或左或右抱養他生且多胎漏如其不淨破碎坑穽或突或尖飛禍短命如其傾陡賣盡田畝縱有艮基發福在後如有泉瀝其聲滴滴滲漏家財氣塡胸臆大忌直長喪禍相望若栽花卉有女偷香水無所適爻頑子逆貼橋以行婦有私客狀

如牛軛偷人財帛夭折人丁更遭瘟疫狀如半月
開庫不歇左缺男傷右缺女沒井必成雙大發眼
光堦簷若倒官事須防

宅道

西南大路其家必裕曲曲來朝富貴之寓斜倚而
曲離鄉不復川字之形官訟相逐三路齊衝家無
老翁其直如箭三子皆凶門臨四路孤寡難度兩
路夾之人財不聚道衝宅東邪萃財空衝右兵死
惡病磨聾衝南損目衝北冷風道交西北空乏之窘
廹交于西南女遭狐惑東南交道家以訟掃東北

交之鬼病請禱

基徵

岡生野葱下有銀叢若生野韭金據其中野姜生處厥上多銅中埋玉石草木不荃黃草白莠下有金守黃莠白莖銀之所有大樹忽死或偏而枯隨枝所指寶藏之區草莖蒼赤短短而跡掘下十尺瓦石與俱草枯而黑下通泉脉若有鉛銅焦萎無澤基之所藏何物乃祥珠玉爲上生物亦强魚龍之骨九卿之鄉生黿下守公侯之藏古印劍器五品官方如其他物不如無艮

壤驗

辨土卜基古有成憲掘地方深一尺二寸粉土羅之還復原圈勿按抑之來早看侖凶則土凹吉則土噴或用寶斗量土平口秤其重輕驗其薄厚七斤爲下十觔爲首如其中平厥觔惟九或取土四方一寸平秤之重三兩者凶五兩七兩居之自如九兩已上大吉

宅氣

人之氣色由中而流潤澤者樂枯槁則憂惟彼居宅理亦相侔占氣之法常于春秋雨後初霽日未

出頭去三百步于以凝睟爵爵金光公侯之鄉黃潤而美寵渥龍章光而澤者下有金藏或從福德昇天而揚或從地引布滿屋牆拜官進爵其居大昌爵爵青青子貴孫榮門填車馬代有簪纓青而無澤其光憂驚變黃貧下變白主刑變赤則吉變黑爲禎白氣主武職掌殺生連綿不斷下有戈兵色皎而潔白金之英變爲黃黑印綬相攖刑則變赤貧則變青若夫黑氣其應典吏亦主文章兼有智術色澤而光鉛鐵下置黑而色枯伏屍在地變黃主刑變赤貧至惟變白青官祿之瑞赤爲武弁

持節樹幟黃則加封黑則刑乘凡氣枯燥凶禍之報青則憂虞黑爲被盜赤主火災黃者病到白應刑喪濁應淫耗凶氣之來迴湧交淚拂欝不舒災禍不細薄而且輕離而不繼或散而踈災亦可制吉氣之來翩翩相逐動而土浮其應在速爲氤爲氳垂結而伏其應較遲久而乃福一云森森如林下有金寶地多霧氣起如霜雪下有珠玉陽宅以陰月望旦候之陰宅以陽月朔旦候之或于甲乙丙丁庚辛日日未出時去一二里許望之或于雨初晴且令人着新淨彩色衣裳然後遠望色轉鮮

明者吉黃色暗鈍者凶氣變而相生者吉相尅凶從吉入吉大吉從凶入凶大凶從凶入吉先凶後吉從吉入凶先吉後凶

屋忌

人聞造屋須求良木木若曲彎家不和睦蟲蛀木空聾耳瞽目柱若空懸家主命促梁欹棟斜是非反復枋蝕瘡痍柱裂鼓腹有廳無堂孤寡煢獨接棟接桁三年一哭屋低前後中屋高搆四水不歸錢財日漏屋後小屋三五相逐殺子殺孫更多孤獨屋或坐西或坐東南家生逆子心有二三屋脊

衝左長子遭禍衝右小當雙衝奚可屋脊射後暗疾爲疾橫事日尋家公壽短破屋當前停喪中邊官非財耗瘟疫相纏棟摧瓦散貧窶無件倒木須防令人顛竄

屋宜

梁柱之上布椽莫放須倚兩邊大小成樣斗若加星小與大抗升在斗高婦隨夫唱開架成隻豐衣足食八風不吹何須藥石私居要華潔淨爲家夫妻和順子孝其爺寢則東首生氣方受向則須南明開窗牖屋毋太高高則陽盛亦無太卑卑則陰

勝陽盛魂傷陰勝魄病高下適中明暗相稱君子居之無疾有慶

四獸

青龍垂頭長子多憂男女凋謝奴婢逃流人常疾病兼損馬牛若有空屋三五齊矗出入游蕩屢歲不復兄弟相爭法場遭戮白虎偏枯小子憂虞男女短折妻子消踈家多鬼魅室止鼪鼯若有空房三五成行頭昂而踞官訟相望退田退地離別家鄉朱雀垂翅非家之利口舌交爭文書疊至父子不諧回祿難避元武拽尾盜賊時起災害不休六

畜多死女人不孝男亦如此凡曰垂頭偏枯垂翅拽尾皆是兩頭垂下的小厦是也

宅病

屋不苫蓋名曰撚尸禍延六畜疾病相隨椽不截頭名曰露骨財散人災哭泣時發舊椽接新名爲焦尾人口多災火光煒煒四角不齊名爲露肘小口陰人災患常有折屋畱半名爲癱瘓陽屋男傷陰屋女患舊屋不蓋名爲露星血光公訟兼損人丁堂只一座名爲孤陽錢財退盡人口亦妨東西有屋復蓋中心名爲工字人口參商屋無其東長

子貧窮若缺其北殃及家翁缺南畜死缺西女凶新宅兩頭如接小屋官事相尋災禍逼促

造序

造屋先內次第莫背若先造門屋猶未逮屋終無成或拆或廢婦以青春先失其配未造中堂先造兩傍兒孫爭鬪兄弟分張堂柱用九廳以七艮門柱用五俱不從雙量柱以尺數亦從隻高狹濶低隻數不易枋莫壓梁作事不揚兒多夭死婦守空房梁下方筝須出其頭壽星不出夭折須憂

屋水

屋水交射家人爭罵硯射堂中腹病不罷暗硯衝身權莫假借悍僕豪奴弒逆不怕

碓磨

來龍在後碓宜居前龍若前來碓居後邊龍來自左居右方可自右來時居左無禍碓頭向外人從後踏向宅財空更遭打磕在虎訟起小兒多死龍主是非誹謗交指茶磨若裝左腹無傷右動白虎攪痛裹腸

放水

乾宅三門水宜放丙坤宅丁方艮放庚境兌宅放

乙坎宅放丁離從癸放震放辛行巽放壬吉水得其情放支水濁放干水清

夫開門放水禍福之應捷于桴鼓立宅者愼焉楊公云放從天上去諸家水法多本于此故于此後復綴以二十四向開放定式而穿井畜欄吉方與宅外諸吉峰巒併附其下俾觀者考之

壬山丙向　東四宅

吉門　丙　甲　庚　乙　巳　穿井　寅

放水　丁　庚　辛　白虎　亥　黃泉　巽

俱忌放出

六畜　辰戌馬　子午雞　丑未豬　坤艮牛　乙辛羊

吉山方　太陽亥　騰雲巳　火星艮巽丙寅

貴人卯巳　祿星亥　驛馬午　穀將巽

四神乾坤坎離　八將巳子午卯酉辰戌亥

以上峯巒高起主大富貴

子山午向　東四宅

吉門　午　卯　酉　辰　丙　穿井　申

放水　丁　甲　庚　殺曜辰忌朝入

白虎丁未忌放去

六畜　辰戌馬　子午雞　丑未猪　坤艮牛　乙辛羊

吉山方　太陽午　騰雲子　火星午戌亥未

貴人甲乙　祿星乾　驛馬寅　殺將坤

四神子卯乾巽　八將寅申巳亥子午丑未

以上星峯高起主大富貴

癸山丁向　東四宅

吉門　丁　乙　辛　巽　丙　穿井　申

放水　庚　丁　乙　白虎丁未　黃泉坤

俱忌放

六畜　辰戌馬　子午鷄　丑未猪
坤艮午　乙辛羊

吉山方　太陽辰　騰雲戌　火星艮酉亥

貴人卯　祿星酉　驛馬乾　穀將坤

四神巽坤卯酉　八將未寅申巳亥子午丑

以上峯高起主大富貴

丑山未向　西四宅

吉門　未　辰　戌　巳　穿井　巳　酉

放水　乾　庚　白虎　乙辰　忌放

六畜　丑未馬　卯酉雞　辰戌猪　乾巽牛　癸丁羊

吉山方　太陽　丑　騰雲　未　火星　丙艮巳

貴人　丙丁　祿星　巽　驛馬　乾亥　殺將　坤

四神　子酉艮坤　八將　寅申巳亥卯酉辰戌

以上星峯高起大富貴

艮山坤向　西四宅

吉門　坤　巽　乾　丙　庚　穿井　申

放水　甲　丙　坤　殺曜　寅忌朝

白虎午　黃泉　庚丁

六畜　辰戌馬　子午雞　丑未豬　坤艮牛　乙辛羊

吉山方　太陽申　騰雲寅　火星午辰亥丁

貴人　坤丙　祿星甲庚　驛馬甲　穀將坤

四神　子午艮巽　八將酉子午丑未寅申卯

以上峯巒高起大富貴

寅山申向　西四宅

吉門　甲　巳　亥　午　酉　穿井　寅　巳

放水　乙　乾　庚　白虎亥　忌放

六畜　辰戌馬　坤艮牛　子午雞　乙辛羊　丑未猪

吉山方　太陽亥　騰雲巳　火星癸辰丙巳

貴人乾　祿星坤　驛馬申　穀將坤

四神乾巽午酉　八將子午卯酉辰戌巳亥

以上星峯高起大富貴

甲山庚向　西四宅

吉門　庚　丙　壬　丁　丑　穿井巳　酉

放水　丁　辛　庚　白虎丁未　黃泉坤　忌放

六畜　辰戌馬　坤艮牛　子午雞　乙辛羊　丑未猪

吉山方　太陽辰　騰雲戌　火星辰戌巽

貴人坤　祿星寅　驛馬巽　殺將坤

四將卯酉乾艮　八將寅申巳亥子午丑未

以上星峯高起主大富貴

卯山酉向　酉四宅

吉門　酉　午　子　未　庚　穿井　寅

放水　丁　辛　白虎乙辰忌放　殺曜申忌朝

六畜　丑未馬　卯酉雞　辰戌猪　乾巽牛　癸丁羊

吉山方　太陽辰　騰雲戌　火星子戌坤卯

貴人丙　祿星乾　驛馬巳　殺將乾

四神坤艮卯午　八將子午卯酉寅申丑未

以上峯巒高起大富貴

乙山辛向　西四宅

吉門　庚　辛　丁　癸　酉　穿井　申

放水　丙　庚　乾　白虎丑　黃泉乾

俱忌放

六畜　丑未馬　巳亥牛　卯酉雞　癸丁羊　乾巽猪

吉山方　太陽卯　騰雲酉　火星乙丑巽辛

貴人巽　祿星卯　驛馬申　穀將乾

四神子午坤乾　八將辰戌丑未卯酉寅申

以上星峯高起大富貴

辰山戌向　酉四宅

吉門　戌　未　丑　申　亥　穿井　申

放水　辛　亥　白虎丁未忌放

六畜　辰戌馬　坤艮牛　子午雞　乙辛羊　丑未猪

吉山方　太陽午　騰雲子　火星酉巳乾丁

貴人甲　祿星乾　驛馬寅　穀將乾

四神子午乾巽　八將寅申巳亥子午丑未

以上星峯高起大富貴

巽山乾向　西四宅

吉門　乾　坤　艮　庚　壬　穿井　卯

放水　癸　庚　白虎　子　黃泉　辛壬 忌放　殺曜　酉　忌朝

六畜　丑未馬 乾巽牛　卯酉雞 癸丁羊　辰戌猪

吉山方　太陽　酉　騰雲　卯　火星　乾戌巳 申

貴人　乾　祿星　壬　驛馬　辛　穀將　乾

四神　卯酉坤巽　八將　寅申巳亥辰戌卯 酉

以上星峯高起大富貴

巳山亥向　西四宅

吉門　亥　申　乾　兌　寅　穿井巳　酉

放水　辛　癸　艮

六畜　丑未馬　卯酉雞　辰戌豬　乾巽牛　癸丁羊

吉山方　太陽丑　騰雲未　火星丁戌辰亥

貴人丁庚　祿星艮　驛馬亥　穀將乾

四神子酉艮坤　八將寅申巳亥卯酉辰戌

以上星峯高起主富貴

丙山壬向　東四宅

吉門　壬　甲　庚　辛　癸　穿井　申

放水　癸　庚　白虎午　黃泉乾　俱忌放

六畜　辰戌馬　坤艮牛　子午雞　乙辛羊　丑未猪

吉山方　太陽申　騰雲寅　火星子乙丑未

貴人坤　祿星巳　驛馬艮　殺將乾

四神子午艮巽　八將子午卯酉寅申丑未

以上峯巒高起主富貴

午山子向　東四宅

吉門　子　酉　卯　戌　丑　穿井　申

放水　壬　甲　乾　殺曜亥忌朝入

白虎亥忌放

六畜　辰戌馬　坤艮牛　子午雞　乙辛羊　丑未豬

吉山方　太陽亥　騰雲巳　火星子甲未巽

貴人甲乙　祿星乾　驛馬申　穀將艮

四神乾巽午酉　八將亥子午卯酉辰戌巳

以上星峯高起大富貴

丁山癸向　東四宅

吉門　癸　乙　辛　乾　艮　穿井　申

放水　壬　乾　白虎乙壬　黃泉艮　俱忌放

六畜　丑未馬　乾巽牛　卯酉雞　癸丁羊　辰戌猪

吉山方　太陽丑　騰雲未　火星酉巽巳子

貴人辛　祿星子　驛馬亥　穀將艮

四神卯酉乾艮　八將寅申巳亥辰戌卯酉

以上峯巒高起大富貴

未山丑向　酉四宅

吉門　丑　戌　辰　亥　巳　穿井　卯

放水　艮　丙　白虎　申忌放去

六喜　丑未馬　乾巽牛　卯酉雞　癸丁羊　辰戌猪

吉山方　太陽午　騰雲子　火星申辰癸艮

貴人庚　祿星巽　驛馬巳　穀將艮

四神　坤艮卯午　八將　子午卯酉寅申巳亥

以上星峯高起大富貴

坤山艮向　西四宅

吉門　艮　乾　巽　壬　甲　穿井　寅　申

放水　艮　庚　白虎　丑　黃泉　甲癸　俱忌放

六畜　丑未馬　乾巽牛　卯酉雞　癸丁羊　辰戌猪

吉山方　太陽　卯　騰雲　酉　火星　亥巳艮　酉

貴人　巽　祿星　申　驛馬　艮　殺將　艮

四神　子午乾坤　八將　卯　辰戌丑未寅申酉

以上峯巒高起大富貴

申山寅向　西四宅

吉門　寅　亥　巳　子　卯　穿井　申

放水　甲　乙　白虎丁未忌放去

六畜　辰戌馬　坤艮牛　子午雞　乙辛羊　丑未猪

吉山方　太陽午　騰雲子　火星酉戌艮丁

貴人寅午　祿星乾　驛馬寅　穀將艮

四神乾巽子卯　八將寅申巳亥子午丑未

以上星峯高起主富貴

庚山甲向　東四宅

吉門　甲　壬　丙　癸　乙　穿井　甲　癸

放水　甲　癸　白虎申　黃泉艮　俱忌放

六畜　丑未馬　乾巽牛　卯酉雞　癸丁羊　辰戌猪

吉山方　太陽辰　騰雲戌　火星辰戌巳酉

貴人丑　祿星坤申　驛馬巳　穀將艮

四神坤巽卯酉　八將子午卯酉寅申丑未

以上星峯高起大富貴

酉山卯向　東四宅

吉門　卯　子　午　丑　未　穿井　巳

放水　艮　丙　殺曜巳忌朝入白虎乙辰忌放

六畜　丑未馬　卯酉雞　辰戌猪　乾巽牛　癸丁羊

吉山方　太陽壬　騰雲未　火星巽坎艮巳

貴人巽　祿星乾　驛馬亥　穀將巽

四神艮坤子酉　八將寅申巳亥酉卯辰戌

以上峯巒高起主富貴

辛山乙向　東四宅

吉門　乙　癸　丁　艮　坤　穿井　卯

放水　丙　乙　癸　白虎子　黃泉巽

俱忌放

六畜　丑未馬　卯酉雞　辰戌猪　乾巽牛　癸丁羊

吉山方　太陽酉　騰雲卯　火星酉辰艮巳

貴人丙　祿星酉　驛馬艮　穀將巽

四神艮巽子午　八將寅申巳亥辰戌卯酉

以上峯巒高起大富貴

戌山辰向　東四宅

吉門　辰　丑　未　寅　巳　穿井　寅　巳

放水　甲　庚　白虎　亥忌放

六畜　辰戌馬坤艮牛　子午雞乙辛羊　丑未猪

吉山方　太陽未　騰雲丑　火星子午乾戌

貴人艮　祿星寅　驛馬申　穀將巽

四神午酉巽乾　八將子午卯酉戌辰亥巳

以上星峯高起大富貴

乾山巽向　東四宅

吉門　巽　艮　坤　甲　丙　穿井　巳

放水　丁　庚　辛　殺曜午忌朝

白虎丁未　黃泉乙丙俱忌放

六畜　辰戌馬　坤艮牛　子午雞　乙辛羊　丑未猪

吉山方　太陽辰　騰雲戌　火星丑辛乾艮

貴人艮　祿星辰　驛馬艮　穀將巽

四神乾艮卯酉　八將寅申巳亥子午丑未

以上星峯高起大富貴

亥山巳向　東四宅

吉門　巳　寅　申　酉　子　穿井　寅

放水　庚　丁　巽　白虎申　忌放

六畜　丑未馬　乾巽牛　卯酉雞　癸丁羊　辰戌猪

吉山方　太陽辰　騰雲戌　火星辛艮乾巽

貴人辛兌　祿星巳　驛馬巳　穀將巽

四神卯午艮坤　八將子午卯酉寅申丑未

以上星峯高起主富貴

都天煞方位歌

壬子位太陽土宿癸丑方貪狼艮寅上甲卯祿存鄉巨門乙辰地破軍巽巳當武曲臨丙午丁未文曲埸左輔坤申立廉貞庚酉廂右弼處辛戌羅睺乾亥藏經盤二十四定局此中詳六煞應須避免教起禍殃

此是都天煞位定局除太陽貪狼巨門武曲左輔右弼爲吉星

其土宿祿存破軍文曲廉貞羅睺即是六煞其方堆木料主木命人災起牛猪欄主眼疾

官事有厠屋損牛羊有灰舍損小口有空房
主停喪堆磚石主隔食患眼有池塘損人丁
此方樹有藤蘿主自弔溺水安乂主心氣疼
痛依羅經方位審而避之大吉大富貴

元髓經

大哉居乎民生攸係門戶乃必由之路來路名氣口之樞八卦統分廿四向元神分屬四正隅宅依五形而立星番九曜而推元神定而恩仇體用以彰來路設而吉凶禍福始見岑高立體氣口爲用生比爲恩尅制爲仇體有吉凶而化凶須爲役使者機運于恩星用無定在而撥生旺于休囚者權歸於氣口宅元不可損傷用神最宜健旺門宅相生相比而又有恩光拱照是爲進氣之宅門宅或尅或洩而復遇仇難當權乃名退氣之宅絕處逢

生吉凶相半旺處逢絕吉少凶多是以元神宜補以恩星仇難當和以吉曜宅有化氣小人道消宅有死氣君子道窮逢息不發蓋緣恩落仇宮遇難無傷因有恩星橐籥一貴當權諸凶盡伏木入坎宮鳳池身貴之徵金居艮位烏府名高之應金取水培木宜火相水洩金枯坎癸無恩於西兌火炎土燥艮坤何樂於南離此東西所以分而西四各自以爲偶也然四宅之成爻固取相濟而相比乃八卦之配合亦自有眞而有假是以天地定位此老陰之土生純陽之金也若坤配兌女則庶妾難

投寡母之歡心山澤通氣此少男之精結少女之胎也若艮配乾金則鰥君豈有發生之機括坤艮適相比之情乾兌亦假臨之偶若夫風雷相摶雙木取成林之象水火不射坎離成旣濟之功水木相生則水爲木氣之主木火通明則木爲火神之根巽木生離南之火其散也成風終一發而卽衰震陽發南離之燄其震也成雷必聲聞而不已坎與震而暫交巽與離爲假合艮之元神無恩星用兌金爲傍城借主而玉蘊山輝坎之主氣無育地用巽木爲借體築基而風恬水靜眞合者宅元之

正體假合者作用之權宜總之宅相不外陰陽陽宜補而陰宜洩八卦之宅各分爻象陽宜閉而陰宜開八宅之門各取支干前門後戶妝成卦宜尅出而回生換象抽爻立宅元在補恩而孕秀故移門改戶不過一時之權補洩抽添始盡陰陽之祕及失藏神合朔又當究於年月日時營造修方亦不外於生尅制化盡選擇之精旣合於抽添之法度則進福之神又奚忝於變理之神功哉相宅眞筌總歸斯旨而賢智者得之宜大有補於斯世矣

此經不足千文而一字一句無一剩語錯綜

五行顛倒陰陽故其配合之妙抽撤之法隱然言意之表看來盡是易經一部大頭腦仙家修養大工夫而一陰一陽之謂道七字又包括盡矣第其騁至理而標奇奥開天竅而啟神扃眞所謂元之又元入髓而寫髓者也若非太上眞人寧有此仙語耶逐句口訣幷其所以然配合之法腹藏久矣意欲作三元元髓經註以遺後人又値友人相拉有武夷之遊未果成此書惟以心印之物筆其精要者付老妻待吾兒大川弱冠之後若是此中

人物觀其可受則授之不然遺仙籍於凡間
隨至道於不肖誰之過歟得易錢啟彭識

安居金鏡卷二

周　南梅堂甫
陸　煌檀甫甫　仝輯

吳永年巽嶼甫鑒定　王惟諫司直甫參閱

呂　臨蔚若甫
薛　儁理齋甫　仝較

黃帝授

宅經

二十四路者隨宅大小中院分四面作二十四路

十干十二支乾艮坤巽共爲二十四路是也乾將三男震坎艮悉屬於陽位坤將三女巽離兌悉屬陰之位是以陽不獨旺以陰爲得（陽宅爲宜修陰方）陰不獨旺以陽爲得（陰宅爲宜修陽方）亦如冬以溫煖爲德夏以涼冷爲德男以女爲德女以男爲德之義易訣云陰得陽如暑得涼五姓咸和百事俱昌所以德位高壯藹密卽吉重陰重陽則凶陽宅更招東方北方陰宅更招西方南方爲重也（是東面爲辰南西面爲戌北之位斜分一條爲陰陽之界）凡閱陽宅卽有陽氣抱陰陰宅卽有陰氣抱陽陰陽之宅者卽龍也陽宅龍頭在亥尾

在巳陰宅龍頭在巳尾在亥各有命座切忌犯之凡從巽向乾從午向子從坤向艮從酉向卯從戌向辰移巳上移轉及上官所住不計遠近悉入陽也從乾向巽從子向午從艮向坤從卯向酉從辰向戌移巳上移轉及上官悉名入陰故福德之方勤依天道天德月德生炁到其位即修令清潔潤厚即一家獲安榮華富貴再入陰入陽是名無氣三度重入陰陽謂之無魂四入謂之無魄魂魄既無即家破逃散子孫絕後也若一陰陽往來即合天道自然吉昌之象也設要重往即須逐道住四十五日七十五日往之無咎仍宜生氣福德

之方始吉更犯五鬼絶命刑禍者尤不到訣云行
不得度不如復故斯之謂也又云其宅乃窮急飜
故宫宜拆刑禍方舍却益福德方也又云飜宅平
牆可謂銷殃夫辨宅者皆取移來方位不以街北
街東爲陽街南街西爲陰凡移來方位不拘遠近
一里百千里十步百步同又此二宅修造惟看天
道天德月德生氣到即修之不避將軍太歲豹尾
黄幡黑方及音姓宜忌順陰陽二氣爲正此諸神
殺及五姓六十甲子皆從二氣而生列在方隅直
一年公事故不爲災

又云刑禍之方缺復荒福德之方連接長吉也

又云刑禍之方拓復拓子子孫孫受榮樂

又云宅有五虛令人貧耗宅有五實令人富貴宅大人少一虛宅門大內小二虛牆院不完三虛井竈不處四虛宅地多屋少庭院廣五虛宅小人多一實宅大門小二實牆院完全三實宅小六畜多四實宅水溝東南流五實

又云宅乃漸昌勿棄宮堂不衰莫移故爲受殃舍居就廣未必有歡計口半造必得壽考

又曰其田雖良薅鋤乃芳其宅雖善修移乃昌宅

統之宅墓以象榮華之源得利者所作遂心失利者妄生歹心墓凶宅吉子孫官祿墓吉宅凶子孫衣食不足墓宅俱吉子孫榮華墓宅俱凶子孫移鄉絕種先靈譴責地禍常併七世亡魂悲憂受苦子孫不立零落他鄉流轉如逢客死河岸

青烏子宅經

其宅得墓二神漸護子孫祿位乃固得地得墓龍驤虎步物業滋川財集倉庫子孫忠孝天神祐助

子夏宅經

墓有四奇商角二姓丙壬乙辛宮羽徵三姓甲庚丁癸得地得宮刺史王公朱衣紫綬世貴名雄得地失宮有始無終先人受苦子孫當凶失地得宮子孫不窮雖無基業衣食過充失地失宮絕嗣無蹤行求衣食客死蒿蓬

又云人因宅而立宅因人而存人宅相扶感通天地故不可獨信命也

又云先修刑禍後修福德即吉先修福德後修刑禍即凶陰宅從巳起工順轉陽宅從亥起工順轉

刑禍方用一百工福德方用二百工壓之即吉陽
宅多修於外陰宅多修于內
又云宅以形勢爲體以泉水爲血脈以土地爲皮
肉以草木爲毛髮以舍屋爲衣服以門戶爲冠帶
若得如斯是事儼雅乃爲上吉

三元宅經

經云地善卽苗茂宅吉則人榮

又云人之福者喻如美貌之人宅之吉者如醜陋之人得好衣裳神彩尤添一半若命薄宅惡卽如醜人更衣敝衣如何堪也故人之居大須慎擇

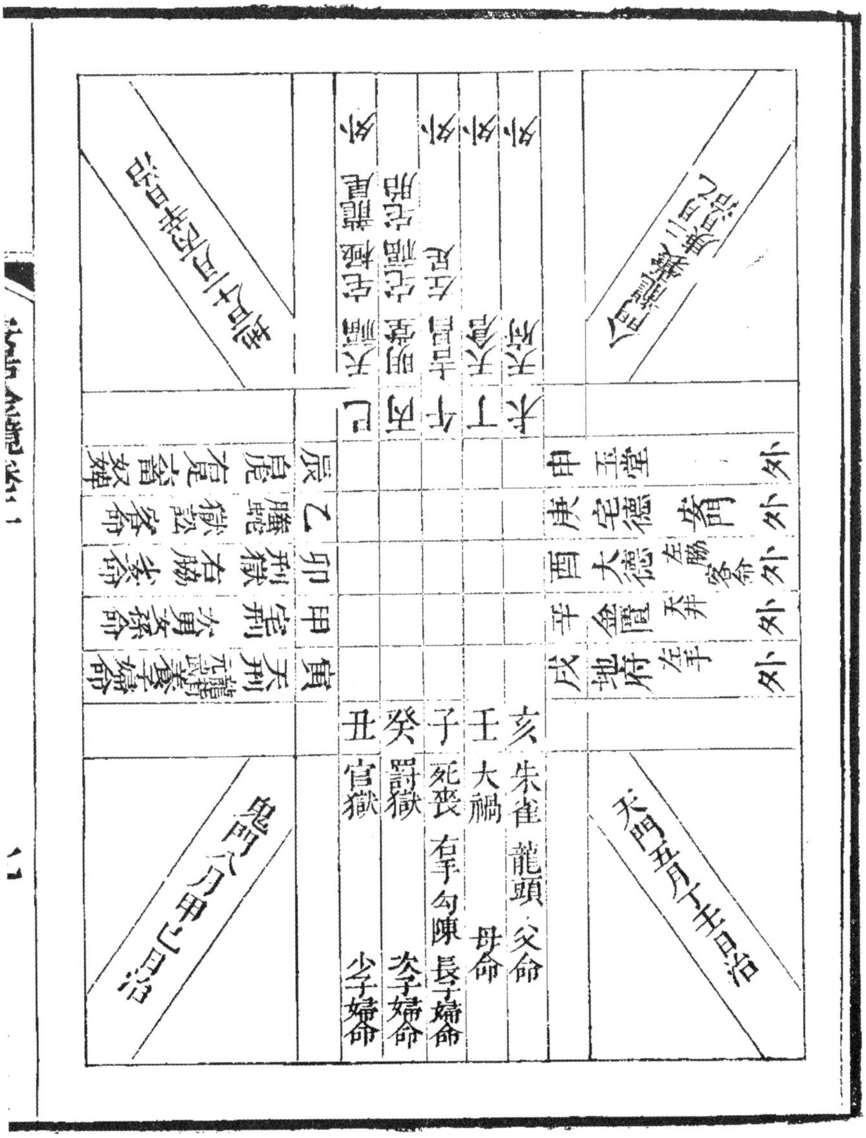
鬼門八月申巳日治
地戶十月丙辛日治
寅 天刑 龍 元武 養子婦命
甲 宅刑 次男 孫命
卯 刑獄 右脇 孫命
乙 螣蛇 獄訟 客命
辰 白虎 官鬼 畜 奴婢
亥 朱雀 龍頭 父命
壬 大禍 母命
子 死喪 右手 勾陳 長子婦命
癸 罰獄 次子婦命
丑 官獄 少子婦命
巳 天福 宅樞 龍尾 外
丙 明堂 宅福 宅府 外
午 吉昌 左足 外
丁 天倉 外
未 天府 外

天門首陽宜平穩實不宜絕高壯犯之損家長大病頭項等災五月丁壬日修吉扎方不用壬子丁巳日

亥爲朱雀龍頭父命座犯者害命坐人三月丁壬日修

壬爲大禍母命犯之害命坐人有飛灾口舌修與亥同

子爲死喪龍右手長子婦命座犯之害命坐人失魂傷目水灾口舌修與壬同

癸爲罰獄勾陳次子婦命座犯之害命坐人口舌鬭訟七月丁壬日修三月亦通宮羽姓不宜三月七月即吉日

丑爲縣獄少子命座犯之鬼魅盜賊火光怪異等灾修巳癸同

鬼門宅壅氣缺薄空荒吉犯之偏枯淋腫等災

八月甲己日修吉東方不用甲子己巳日

寅爲天刑龍背元武庶養子婦長女命座犯之傷胎繫獄被盜亡敗等灾 六月甲己日修角姓六月凶十一月吉

甲爲宅刑次女孫男等命座犯之害命坐人家長病頭項諸傷折等灾 修與寅同

卯龍右脇刑獄少女孫命座犯之害命坐人火光氣滿刑傷失魂 修與寅同

乙螣蛇訟獄客座命犯之害命坐人妖怪死喪口舌十月己日修吉惟宜

辰爲白虎龍右足主訟獄奴婢六畜命座犯之驚傷跛蹇筋悬等灾亦主驚恐修與乙同

地戶宜平缺亦名福首背向榮二宅五姓八宅並不宜高壯壅塞亦名陽極陰十一月丙辛日修吉南方不用丙子辛巳日

巳天福宅屋亦名宅極經曰欲得職治宅極宜壯實修改吉九月丙辛修

丙明堂宅福安門牛倉等舍經曰治明堂加官益祿大吉祥合家快活不可當修與巳同

午吉昌之地龍左足經云治吉昌奴婢成行六畜

艮宜平實忌高及龜頭廳修與巳同

丁天倉經云財耗亡治天倉宜倉庫六畜壯厚高

拓吉正月丙辛日修

未天府高樓大舍牛羊奴婢居之大孳息倉厠利

修與下同

入門龍腸宜置牛馬廏其位欲開拓壅厚亦名福

囊重而兼實大吉二月乙庚日修

甲玉堂置牛馬屋主寶貝金玉之事壯實開拓吉

經曰治玉堂錢財橫來六畜肥強

庚宅德安門宜置車屋雞栖碓磑吉宜開拓連接

壯潤淨潔吉修與申同

酉大德龍左脇客舍吉經云治大德富貴資財成萬億亦名宅德宜宅主修與申同

辛金匱天井宜置門及高樓大屋經曰治金匱大富貴宜財百事吉四月乙庚日修大吉

地府戌青龍左手主三元宜子孫恆令清潔吉經曰青龍壯高富貴雄豪

外巽之位宜作園池竹篁設有舍屋宜平而薄

外天德及玉堂之位宜開拓重修令壯實大吉經曰福德之方拓復拓子子孫孫受榮樂唯不得

高樓重舍

外天倉與天府之位不厭高壯樓舍安門倉庫牛舍及奴婢車屋並大吉

外龍腹之位與內院並同安牛馬牢厰亦名福囊宜廣厚實吉

外坤宜置馬廄吉安重滯之物及高樓等並大吉

外玉堂之院宜作崇堂及郎君孫幼等院吉客廳即有公客來若高壯開拓及有大樹重屋等招金玉寶帛主印綬喜

外大德宅位宜開拓勤修泥令新淨吉及作音樂

飲食會宴之事吉宜子孫婦女等院出貴人增

財富貴德望遐舉

外金匱青龍兩位宜作庫藏倉害吉高樓大舍宜

財帛又宜子孫出豪貴婚連帝戚常令清淨連

接藂林花木藹密

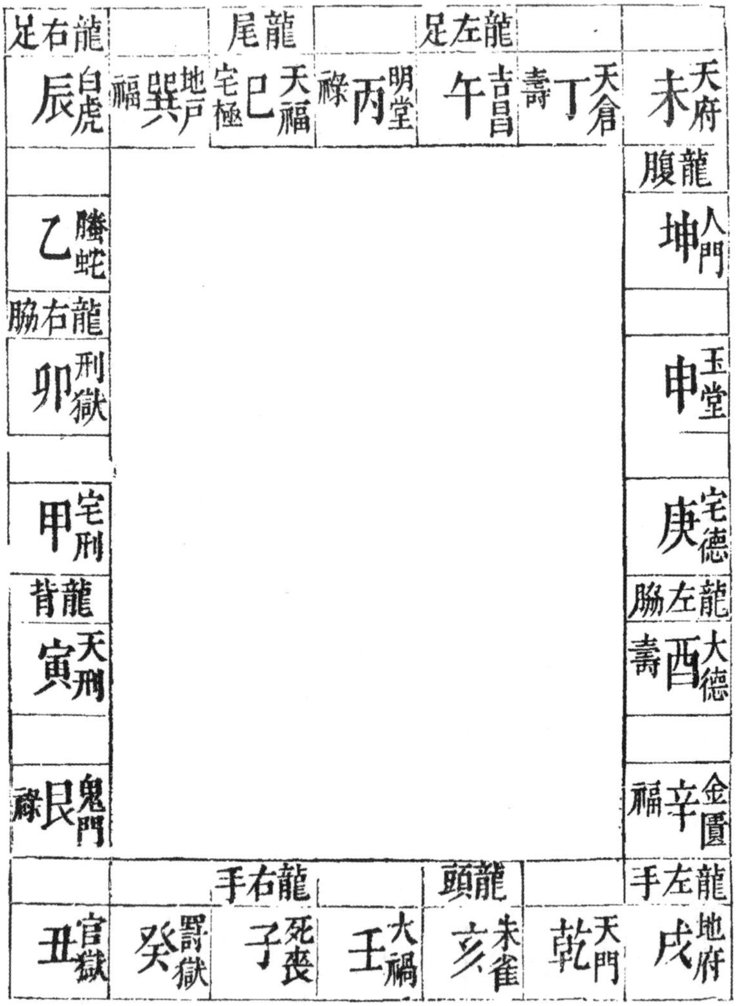
龍右足
龍尾
龍左足
辰 白虎
巽 地戶 福
巳 天福 宅極
丙 明堂 祿
午 吉昌
丁 天倉 壽
未 天府
龍腹
坤 人門
申 玉堂
庚 宅德
龍左脇
酉 大德 壽
辛 金匱 福
龍左手
戌 地府
乾 天門
亥 朱雀
龍頭
壬 大禍
子 死喪
龍右手
癸 罰獄
丑 官獄
艮 鬼門 祿
寅 天刑
龍背
甲 宅刑
卯 刑獄
龍右脇
乙 騰蛇

坐壬向丙　東四宅　陽龍陰向　水宜左倒右
放丁方吉
水宅宜洮而忌露　水宜淺而不宜生旺旺則
出遊蕩人亦主他鄉死
陽宅開門放水宜丁乙方忌辰巽坤方　陰地來水左到右
吉右到左凶
內盤丙壬兼巳亥　外盤巳亥兼壬丙　分金坐丁
亥向丁巳　分界七亥三壬度坐室向翌
內盤壬丙兼子午　外盤壬丙兼亥巳　分金坐辛
亥向辛巳　分界三亥七壬度坐危向張

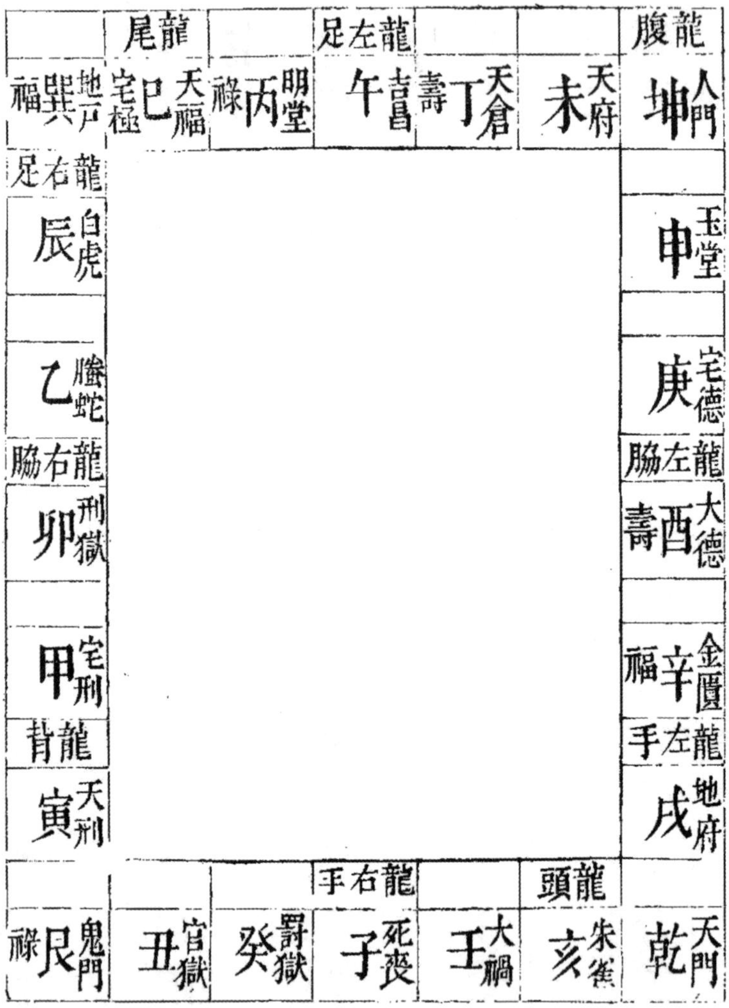
龍腹
坤 人門
未 天府
丁 天倉 壽
龍左足
午 吉昌
丙 明堂 祿
龍尾
巳 天福 宅極
巽 地戶 福
龍右足
辰 白虎
乙 螣蛇
龍右脇
卯 刑獄
甲 宅刑
龍背
寅 天刑
艮 鬼門 祿
丑 官獄
癸 罰獄
龍右手
子 死喪
壬 大禍
龍頭
亥 朱雀
乾 天門
戌 地府
龍左手
辛 金匱 福
酉 大德 壽
龍左脇
庚 宅德
申 玉堂

坐子向午　東四宅　陽龍陰向　水宜右到左

放丁甲庚方吉　水宅宜洩而忌露

陽宅開門放水宜丁甲辛方忌坤方　陰地右水到左吉

左水到右凶

內盤子午兼丙壬　外盤丙壬兼子午　分金坐丙

子向丙午　分界五壬五午度坐危向張

內盤子午兼丁癸　外盤子午兼壬丙　分金坐庚

子向庚午　分界正子度坐虛向星

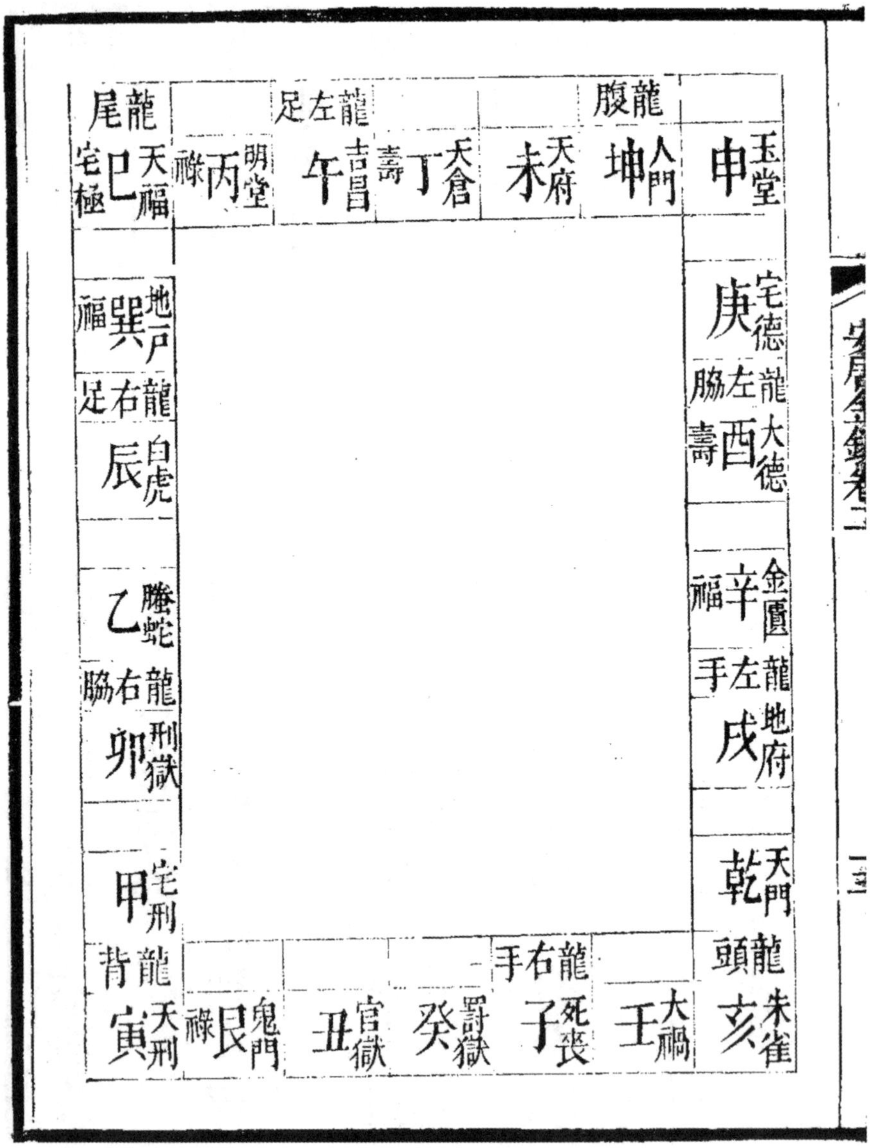

龍尾
天福 巳 宅極
明堂 丙 祿
龍左足
吉昌 午
天倉 丁 壽
天府 未
龍腹
人門 坤
玉堂 申
宅德 庚
龍左脇
大德 酉 壽
金匱 辛 福
龍左手
地府 戌
天門 乾
龍頭
朱雀 亥
大禍 壬
龍右手
死喪 子
罰獄 癸
官獄 丑
鬼門 艮 祿
天刑 寅
龍背
宅刑 甲
龍右脇
刑獄 卯
螣蛇 乙
白虎 辰
龍右足
地戶 巽 福

坐癸向丁　東四宅　陽龍陰向　水宜右到左

放庚丁乙方吉　水宅宜沈而忌露

陽宅開門放水宜丁甲方忌未坤方　陰地右水到左吉左

水到右凶

內盤丁癸兼子午　外盤子午兼丁癸　分金坐丙

子向丙午　分界七子三癸　度坐女向柳

內盤丁癸兼丑未　外盤丁癸兼子午　分金坐庚

子向庚午　分界三子七癸　度坐女向柳

庚 宅德
申 玉堂
龍腹
坤 人門
未 天府
丁 天倉 壽
龍左足
午 吉昌
丙 明堂 祿

龍左脇
酉 大德 壽
辛 金匱 福
龍左手
戌 地府
乾 天門
龍頭
亥 朱雀
壬 大禍

龍右手
子 死喪
癸 罰獄
丑 官獄
艮 鬼門 祿
龍背
寅 天刑
甲 宅刑

龍尾
巳 天福 宅極
巽 地戶 福
龍右足
辰 白虎
乙 螣蛇
龍右脇
卯 刑獄

坐丑向未　西四宅　陽龍陰向　水宜左到右

放庚丙方吉　土宅宜厚而忌窄　土宜旺而

不宜尅尅則土崩不惟退財而男女主浮黃腫

黃泉煞在坤不宜開門

陽宅開門放水宜庚丙方忌坤申方　陰地去水吉來水凶

內盤丑未兼丁癸　外盤丁癸兼丑未　分金坐丁

丑向丁未　分界五癸五丑度坐牛向井

內盤丑未兼艮坤　外盤丑未兼丁癸　分金坐辛

丑向辛未　分界正丑度坐斗向井

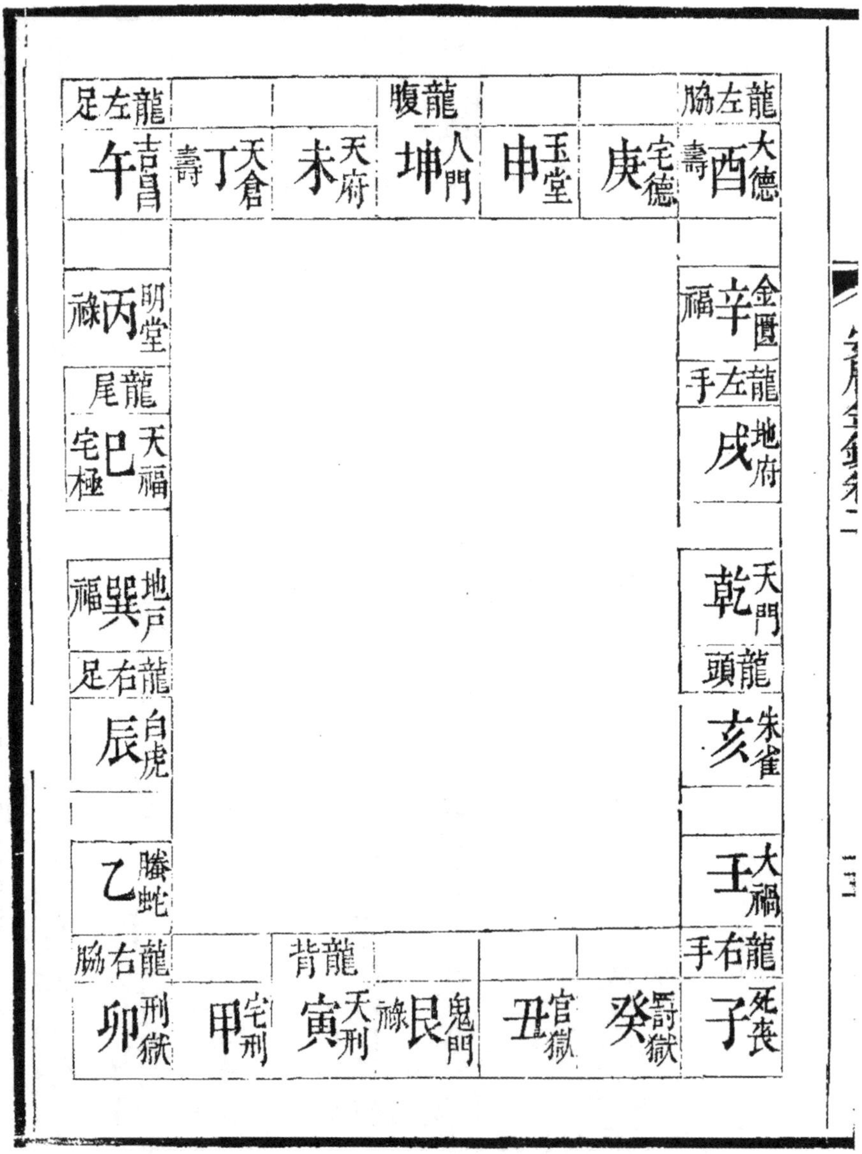
龍左足
午 吉昌
丁 天倉 壽
未 天府
龍腹
坤 入門
申 玉堂
庚 宅德
龍左脇
酉 大德 壽
丙 明堂 祿
辛 金匱 福
龍尾
巳 天福 宅極
龍左手
戌 地府
巽 地戶 福
乾 天門
龍右足
辰 白虎
龍頭
亥 朱雀
乙 螣蛇
壬 大禍
龍右脇
卯 刑獄
甲 宅刑
龍背
寅 天刑
艮 鬼門 祿
丑 官獄
癸 罰獄
龍右手
子 死喪

坐艮向坤　西四宅　陽龍陰向　水宜右到左

放丙坤方吉　土宅宜厚而忌窄

陽宅開門放水宜坤丙方忌庚丁方　陰地來水右到左吉

左水到右凶

內盤艮坤兼丑未　外盤丑未兼艮坤　分金坐丁

丑向丁未　分界七丑三艮度坐斗向井

內盤艮坤兼寅申　外盤艮坤兼丑未　分金坐辛

丑向辛未　分界三丑七艮度坐斗向井

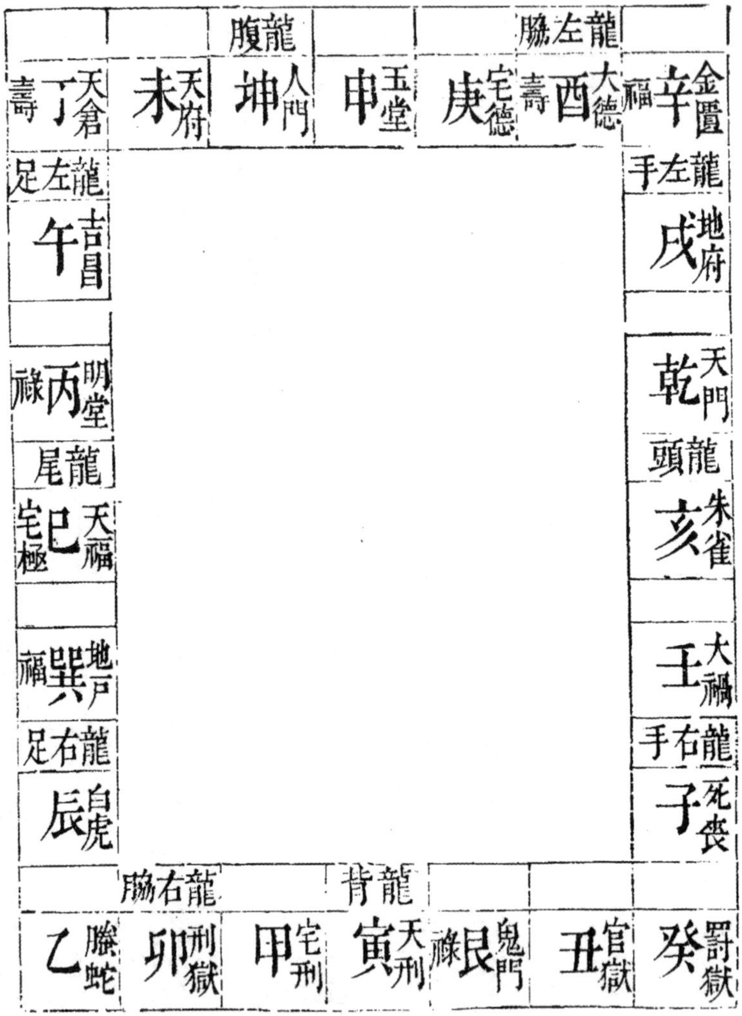

金匱 辛 福
龍左脇
大德 酉 壽
宅德 庚
玉堂 申
龍腹
人門 坤
天府 未
天倉 丁 壽
龍左足
吉昌 午
明堂 丙 祿
龍尾
天福 巳 宅極
地戶 巽 福
龍右足
白虎 辰
螣蛇 乙
龍右脇
刑獄 卯
宅刑 甲
龍背
天刑 寅
鬼門 艮 祿
官獄 丑
罰獄 癸
龍左手
地府 戌
天門 乾
龍頭
朱雀 亥
大禍 壬
龍右手
死喪 子

坐寅向申　西四宅　陽龍陰向　水宜右到左

放庚方吉　土宅宜厚而忌窄

陽宅開門放水宜乾丁方忌坤申酉方　陰地宜右水到左

吉左水到右凶

內盤寅申兼艮坤　外盤艮坤兼寅申　分金坐丙

寅向丙申　分界五艮五寅　度坐箕向參

內盤寅申兼甲庚　外盤寅申兼艮坤　分金坐庚

寅向庚申　分界正寅　度坐尾向觜

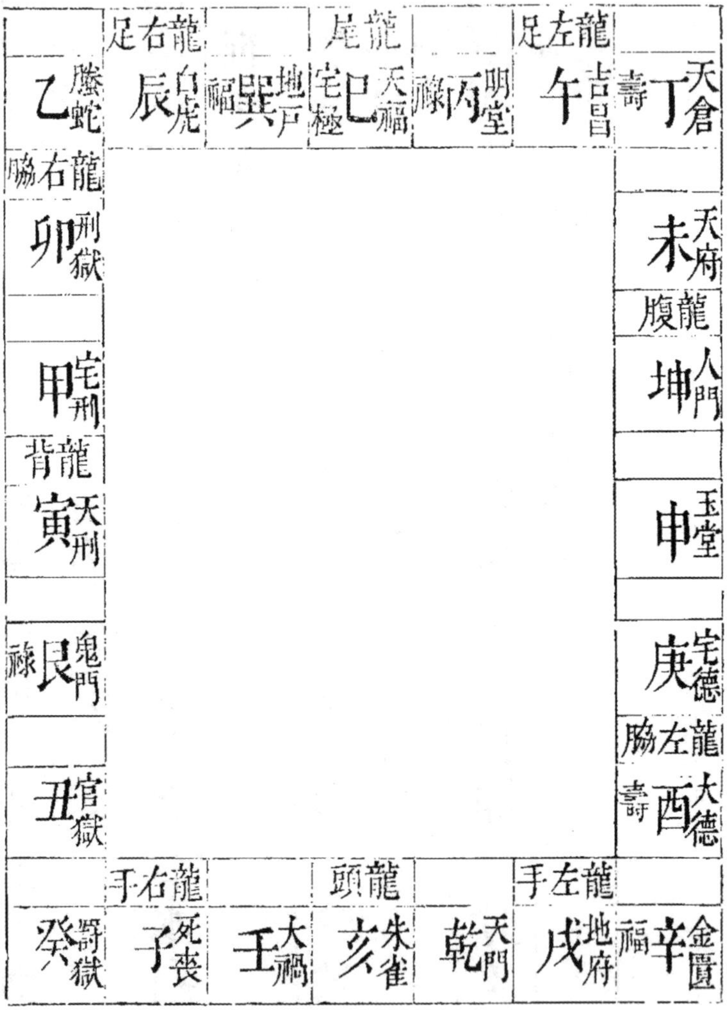
龍左足
午 吉昌
丁 天倉 壽
丙 明堂 祿
龍尾
巳 天福 宅極
巽 地戶 福
龍右足
辰 白虎
乙 螣蛇
龍右脇
卯 刑獄
甲 宅刑
龍背
寅 天刑
艮 鬼門 祿
丑 官獄
癸 罰獄
龍右手
子 死喪
壬 大禍
龍頭
亥 朱雀
乾 天門
龍左手
戌 地府
辛 金匱 福
未 天府
龍腹
坤 人門
申 玉堂
庚 宅德
龍左脇
酉 大德 壽

坐亥向巳　東四宅　陽龍陰向　水宜右到左

放丁巽方吉　金宅宜微明而不宜太明

陽宅開門放水宜甲丁方忌坤巽方　陰地右水到左吉左

到右凶

內盤亥巳兼乾巽　外盤乾巽兼巳亥　分金坐丁

亥向丁巳　分界五乾五亥度坐室向翌

內盤巳亥兼壬丙　外盤亥巳兼乾巽　分金坐辛

亥向辛巳　分界正亥度坐室向翌

龍右脇		龍右足		龍尾		龍左足
刑獄 卯	螣蛇 乙	白虎 辰	地戶 巽 福	天福 巳 宅極	明堂 丙 祿	吉昌 午
宅刑 甲						天倉 丁 壽
龍背						天府 未
天刑 寅						龍腹
鬼門 艮 祿						人門 坤
官獄 丑						玉堂 申
罰獄 癸						宅德 庚
龍右手		龍頭		龍左手		龍左脇
死喪 子	大禍 壬	朱雀 亥	天門 乾	地府 戌	金匱 辛 福	大德 酉 壽

坐乾向巽　東四宅　陽龍陰向　水宜右到左

放甲方水吉　金宅宜微明而不宜太明

陽宅開門放水宜艮坤門丁甲水吉忌巽方　陰地來水

右到左吉左到右凶

內盤乾巽兼辰戌　外盤辰戌兼乾巽　分金坐丙戌向丙辰　分界七戌三乾度坐奎向軫

內盤乾巽兼亥巳　外盤乾巽兼戌辰　分金坐庚戌向庚辰　分界三戌七乾度坐壁向軫

丙　明堂　祿
龍尾
巳　天福　宅極
巽　地戶　福
龍右足
辰　白虎
乙　騰蛇
龍右脇
卯　刑獄
甲　宅刑
龍背
寅　天刑
艮　鬼門　祿
丑　官獄
癸　罰獄
龍右手
子　死喪
壬　大禍
龍頭
亥　朱雀
乾　天門
龍左手
戌　地府
辛　金匱　福
龍左脇
酉　大德　壽
庚　宅德
申　玉堂
龍腹
坤　人門
未　天府
丁　天倉　壽
龍左足
午　吉昌

坐戌向辰　東四宅　陽龍陰向　水宜右到左

放乙方水吉　金宅宜微明而不宜太明　金

宜生而不宜尅尅則主輕而田地退散

陽宅開門放水宜癸甲乙方忌艮巽方　陰地去水吉來水

凶

內盤辰戌兼乙辛　外盤乙辛兼辰戌　分金坐丙

戌向丙辰　分界五辛五戌度坐婁向角

內盤辰戌兼乾巽　外盤辰戌兼乙辛　分金坐庚

戌向庚辰　分界五辛五戌度坐奎向角

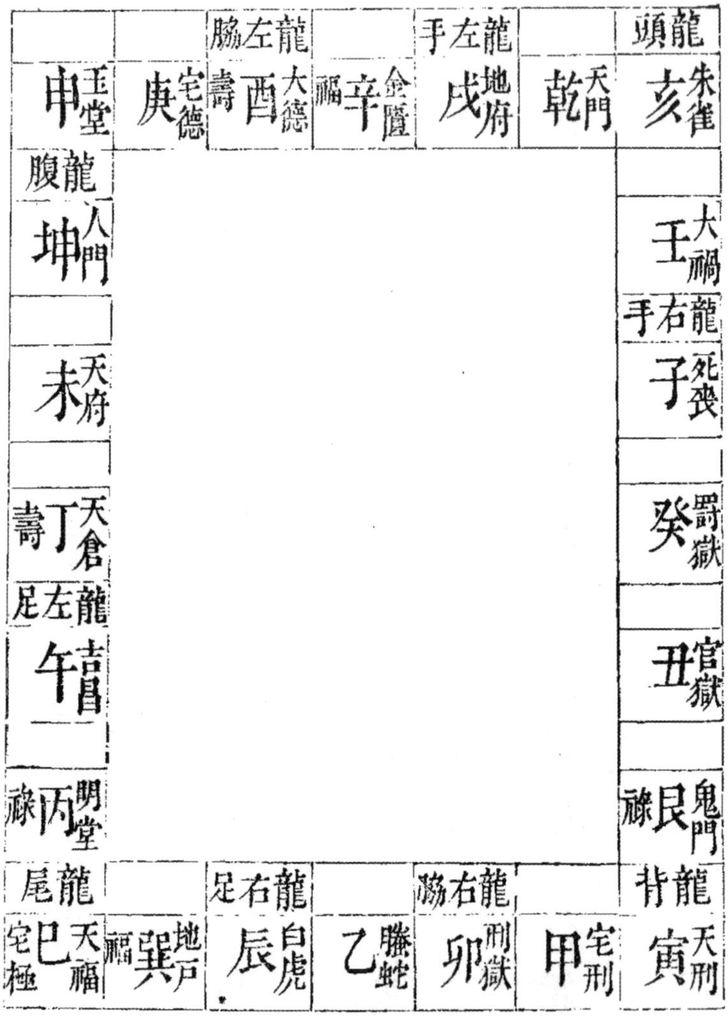
龍頭
朱雀 亥
天門 乾
龍左手
地府 戌
金匱 辛 福
龍左脇
大德 酉 壽
宅德 庚
玉堂 申
龍腹
八門 坤
天府 未
天倉 丁 壽
龍左足
吉昌 午
明堂 丙 祿
龍尾
天福 巳 宅極
地戶 巽 福
龍右足
白虎 辰
螣蛇 乙
龍右脇
刑獄 卯
宅刑 甲
龍背
天刑 寅
大禍 壬
龍右手
死喪 子
罰獄 癸
官獄 丑
鬼門 艮 祿

坐乙向辛　西四宅　陽龍陰向　水宜右到左

放庚辛方　木宅宜深而忌淺　木宜生而不

宜洩洩則木折不惟退財而男女主癆瘵少亡

陽宅開門放水宜丁辛方忌坤乾方　陰地右水到左吉左

水到右凶

內盤乙辛兼卯酉　外盤卯酉兼乙辛　分金坐丁

卯向丁酉　分界七卯三乙度坐氐向胃

內盤乙辛兼辰戌　外盤乙辛兼卯酉　分金坐辛

卯向辛酉　分界三卯七乙度坐亢向婁

龍腹			龍左脇		龍左手	
人門 坤	玉堂 申	宅德 庚	大德 酉 壽	金匱 辛 禍	地府 戌	天門 乾
						龍頭
天府 未						朱雀 亥
天倉 丁 壽						大禍 壬
龍左足						龍右手
吉昌 午						死喪 子
明堂 丙 祿						罰獄 癸
龍尾						
天福 巳 宅極						官獄 丑
	龍右足		龍右脇		龍背	
地戶 巽 禍	白虎 辰	螣蛇 乙	刑獄 卯	宅刑 甲	天刑 寅	鬼門 艮

坐卯向酉　西四宅　陽龍陰向　水宜左到右

放辛方水吉　木宅宜深而忌淺

陽宅開門放水宜辛丙方忌坤方　陰地左水倒右吉右

水到左凶

內盤卯酉兼甲庚　外盤甲庚兼卯酉　分金坐丁

卯向丁酉　分界五甲五卯　度坐房向昴

內盤卯酉兼乙辛　外盤卯酉兼甲庚　分金坐辛

卯向辛酉　分界正卯　度坐氐向胃

	龍腹			龍左脇		龍左手
天府 未	人門 坤	玉堂 申	宅德 庚	大德 酉 壽	金匱 辛 福	地府 戌
天倉 丁 壽						天門 乾
龍左足						龍頭
吉昌 午						朱雀 亥
明堂 丙 祿						大禍 壬
龍尾						龍右手
天福 巳 宅極						死喪 子
地戶 巽 福						罰獄 癸
龍右足		龍右脇		龍背		
白虎 辰	螣蛇 乙	刑獄 卯	宅刑 甲	天刑 寅	鬼門 艮 祿	官獄 丑

坐甲向庚　西四宅　陽龍陰向　水宜左到右

放庚方水吉　木宅宜深而忌淺

陽宅開門放水宜庚丁方忌坤申酉方　陰地左水到右吉

右水到左凶

內盤甲庚兼寅申　外盤寅申兼甲庚　分金坐丙寅向丙申　分界七寅三申　度坐尾向畢

內盤甲庚兼卯酉　外盤甲庚兼寅申　分金坐庚寅向庚申　分界三寅七申　度坐心向畢

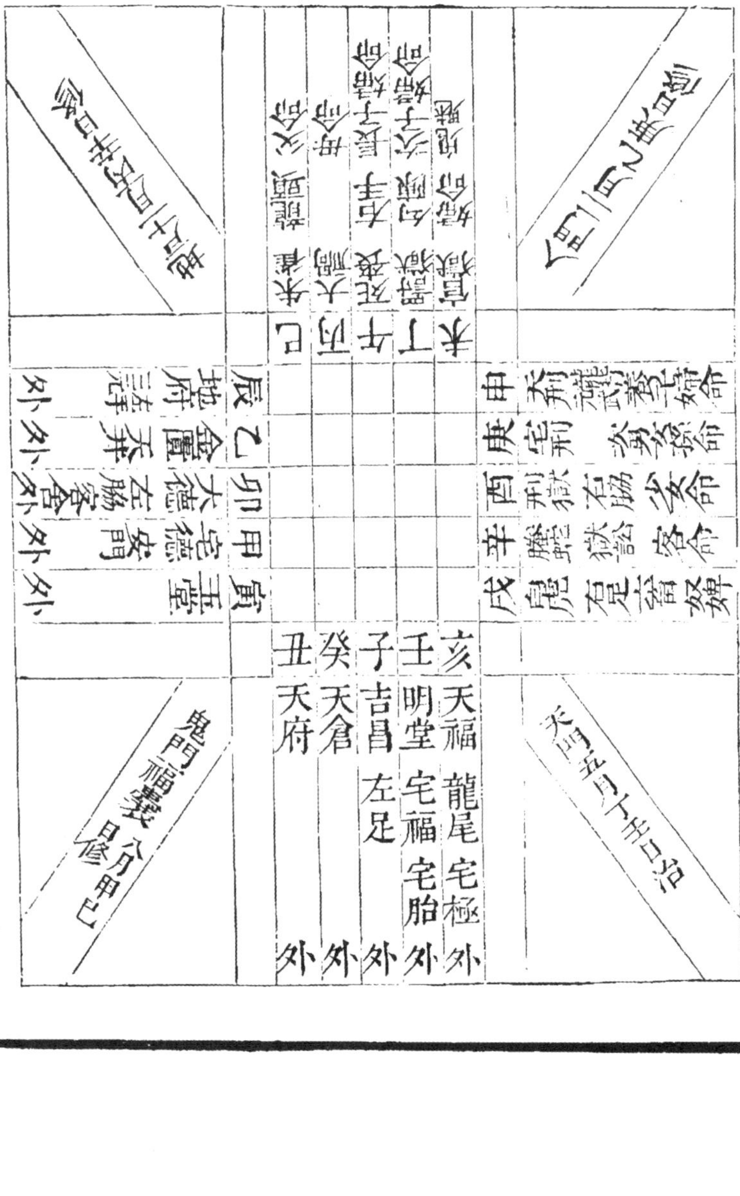

亥 天福 龍尾 宅極 外
壬 明堂 宅福 宅胎 外
子 吉昌 左足 外
癸 天倉 外
丑 天府 外

乾天門陰極陽首亦名背枯向榮其位舍屋連接
長遠高壯濶實吉五月丁壬日修吉北方不用壬子丁巳日
亥爲天福龍尾宜置豬欄亦名宅極經云欲得職
治宅極宜開拓吉亥冬三月丁壬日修吉宮羽姓即七月吉
壬宅福明堂宜置高樓大舍常令淸淨及集學經
史亦名印綬官宜財祿修與亥同
子吉昌龍左足宜置牛屋經曰奴婢成行六畜良
平實吉修與亥同
癸天倉立門戶客舍簞廁吉經云財耗亡治天倉
安六畜開拓高厚七月丁壬日修吉

丑天府高樓大舍牛羊奴婢居之大孳息倉厠並吉 修與癸同

艮鬼門龍腹福囊宜厚實重吉缺薄即貧窮 八月甲己日修吉東方不用甲子日

寅玉堂宜置車牛屋主寶貝金玉之事宜開拓經曰治玉堂錢財横至六畜肥強大吉 六月甲己日修吉

甲宅德安門宜置碓磑開拓連接壯觀吉清淨災殃自消 修與寅同

卯大德龍左脇客舍經曰治大德富貴資財成萬億亦名宅主主有德望 修與寅同

乙金匱天井宜置高樓大舍常令清淨勤修泥尤增喜慶卯與南十月修

辰地府青龍左手三元宜子孫當宜清淨經曰青龍壯高富貴雄豪修與乙同

巽風地戶宜平穩不宜壅塞亦名陽極陰前背榮向枯宜空缺通疎大吉十一月丙辛日修吉南方不用丙子日

巳朱雀龍頭父命座不宜置井犯害命坐人口舌飛禍吐血顛狂虵畜作怪己丙九月丙辛日修吉

丙大禍母命不宜置門犯之害命坐人飛禍口舌修與巳同

午爲死喪長子婦命座犯之害命座人失魂傷目
心痛火光口舌龍右手筋惡修與巳同
丁罰獄勾陳次子婦命犯之害命坐人口舌鬭訟
瘡病等灾午日不用正月丙辛日修吉
未爲縣獄少子婦命犯之害命坐人鬼魅火瘡霹
靂盜賊刀兵流血六畜傷死家破逃散修與丁同
坤人門女命座不宜置馬廄犯之偏枯淋腫等灾
此地宜荒缺低薄吉二月乙庚日修
申天刑龍背庶子婦長女命座犯之失魂病脇刑
傷牢獄氣滿火怪申北十二月乙庚修至酉吉

庚宅刑次女長孫命座不宜置門犯之害命坐人
病右脇口舌傷殘損墜 修與申同
酉刑獄龍右脇少女孫命座犯者害命坐人失魂
刑獄氣滿火怪 修與申同
辛爲螣蛇訟獄客命犯之害命坐人口舌妖怪死
喪灾起 酉北至戌四月乙庚日修
戌白虎獄訟龍右足奴婢六畜命座犯之足跽跛
蹇偏枯筋急 修與辛同
外乾院與同院修造開拓令壯實高岡陵大樹並
吉宜家長延壽子孫榮祿不絕光映門族乾地

廣濶

外亥天福與宅極之鄉宜置大舍位次重疊深遠濃厚吉與宅福明堂相連接壯子孫聰明昌盛科名印綬大富貴

外天倉宜高樓重舍倉廪庫藏奴婢六畜等舍大孳息宜財帛五谷其位高潔開拓吉

外天府宜濶壯子孫婦女居之大吉亦名富貴飽溢之地遷職喜萬般悉有矣絕上

外龍腹福之位宜壅實如山吉遠近連接大樹長罔不厭開拓吉若低缺無屋舍即貧薄不安

外玉堂宜子婦即富貴榮華子孫興達其位雄壯
即官職異騰位至臺省寶帛金玉不少若陷缺
荒殘即受貧薄流徙他地
外宅德宜作學習道藝功巧立成亦得名聞千里
四方來慕亦爲師範子孫居之有信懷才抱義
壯勇無雙
外天德金匱青龍此三神並宜濃厚實大舍高樓
或有客廳卿相遊宴過往一家富貴豪盛須賴
三神尤宜開拓若冷薄荒缺敗陷即貧窮也外
青龍不厭清潔焚香設座延迓賓朋高道奇人

自然而至安井及水瀆甚吉

丑 天府
癸 天倉
龍左足
子 吉昌
壬 明堂
龍尾
亥 天福 宅極
乾 天門
龍右足
戌 白虎

龍腹
艮 鬼門 祿
寅 玉堂
甲 宅德
龍左脇
卯 大德
乙 金匱
龍左手
辰 地府

巽 地戶 福
龍頭
巳 朱雀
丙 大禍 祿
龍右手
午 死喪
丁 罰獄 壽
未 官獄

坤 人門
申 天刑
龍背
庚 宅刑
酉 刑獄 壽
龍右脇
辛 螣蛇 福

坐丙向壬　東四宅　陰龍陽向　水宜左到右

放辛方水吉　火宅宜實而忌虛　火宜泄而

不宜生旺旺則主寅午戌年傷人官非必驗

陽宅開門放水宜丁辛方忌乾癸子方　陰地來水左到右

吉右到左凶

內盤丙壬兼巳亥　外盤巳亥兼丙壬　分金坐丁

巳向丁亥　分界七巳三丙度坐翼向室

內盤丙壬兼子午　外盤丙壬兼巳亥　分金坐辛

巳向辛亥　分界三巳七丙度坐張向危

龍腹
鬼門 艮 祿

天府 丑

天倉 癸

龍左足
吉昌 子

明堂 壬

龍尾
天福 亥 宅極

天門 乾

玉堂 寅

宅德 甲

龍左脇
大德 卯

金匱 乙

龍左手
地府 辰

地戶 巽 福

龍頭
朱雀 巳

大禍 丙 祿

龍右手
死喪 午

罰獄 丁 壽

官獄 未

八門 坤

龍背
天刑 申

宅刑 庚

龍右脇
刑獄 酉 壽

螣蛇 辛 福

龍右足
白虎 戌

坐午向子　東四宅　陰龍陽向　水宜左到右
放癸方水吉　火宅宜實而忌虛
陽宅開門放水宜癸方忌乾艮方　陰地來水左到右吉
右到左凶
內盤子午兼丙壬　外盤丙壬兼子午　分金坐丙
午向丙子　分界五午五丙度坐張向危
內盤子午兼丁癸　外盤子午兼壬丙　分金坐庚
午向庚子　分界正午度坐星向虛

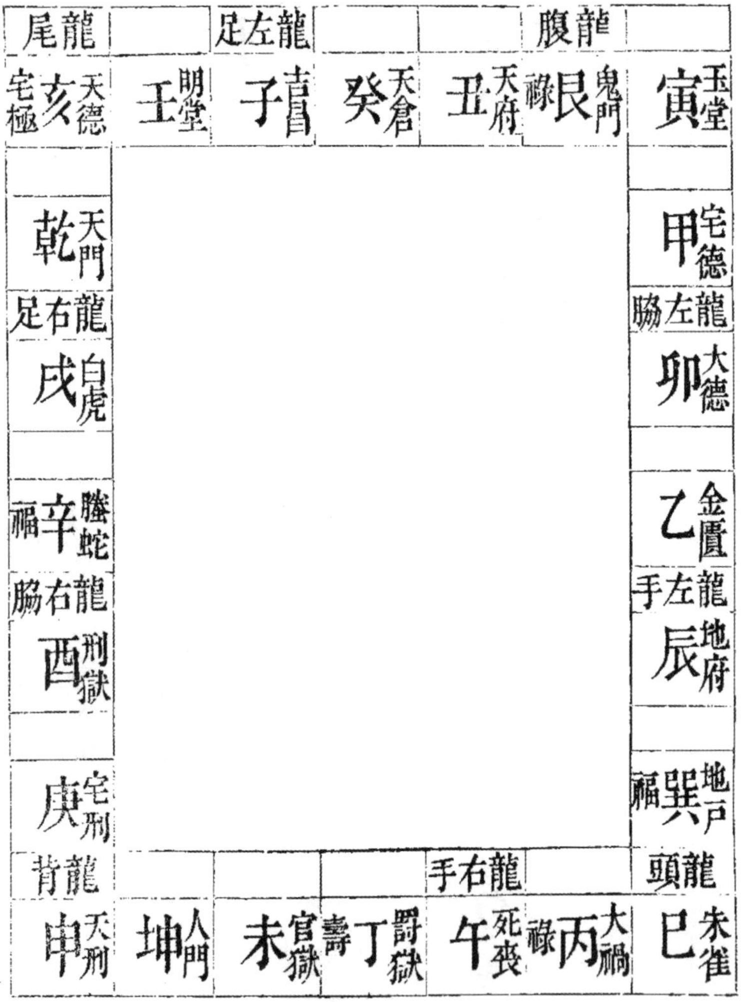

龍尾
龍左足
龍腹
天德 亥 宅極
明堂 壬
青龍 子
天倉 癸
天府 丑
鬼門 艮 祿
玉堂 寅
宅德 甲
龍左脇
大德 卯
金匱 乙
龍左手
地府 辰
地戶 巽 福
龍頭
朱雀 巳
大禍 丙 祿
死喪 午
龍右手
罰獄 丁 壽
官獄 未
人門 坤
天刑 申
龍背
宅刑 庚
刑獄 酉
龍右脇
螣蛇 辛 福
白虎 戌
龍右足
天門 乾

坐丁向癸　東四宅　陰龍陽向　水宜右到左

放壬癸方吉　火宅宜實而忌虛

陽宅開門放水宜丁癸方忌乾艮方　陰地右水到左吉左

水到右凶

內盤丁癸兼子午　外盤子午兼丁癸　分金坐丙

午向丙子　分界七午三丁　度坐柳向女

內盤丁癸兼丑未　外盤丁癸兼子午　分金坐庚

午向庚子　分界三午七丁　度坐柳向女

甲 宅德
寅 玉堂
龍腹
艮 鬼門 祿
丑 天府
癸 天倉
龍左足
子 吉昌
壬 明堂

龍左脇
卯 大德
乙 金匱
龍左手
辰 地府
巽 地戶 福
龍頭
巳 朱雀

丙 大禍 祿
龍右手
午 死喪
丁 罰獄 壽
未 官獄
坤 人門
龍背
申 天刑
庚 宅刑

酉 刑獄 壽
龍右脇
辛 螣蛇 福
戊 白虎
龍右足
乾 天門
亥 天福
龍尾

坐未向丑　西四宅　陰龍陽向　水宜左到右

放甲方水　土宅宜厚而忌窄

陽宅開門放水宜辛甲丙方忌癸丑艮乾方　陰地去水吉來水凶

內盤未丑兼丁癸　外盤丁癸兼丑未　分金坐丁

未向丁丑　分界五丁五未度坐井向斗

內盤丑未兼艮坤　外盤丑未兼丁癸　分金坐辛

未向辛丑　分界正未度坐井向斗

龍左足			龍腹			龍左脇
子 吉昌	癸 大倉	丑 天府	艮 鬼門 祿	寅 玉堂	甲 宅德	卯 大德
壬 明堂						乙 金匱
						龍左手
亥 天福						辰 地府
龍尾						
乾 天門						巽 地戶 福
龍右足						龍頭
戌 白虎						巳 朱雀
辛 騰蛇 福						丙 大禍 祿
龍右脇		龍背				龍右手
酉 刑獄 壽	庚 宅刑	申 天刑	坤 人門	未 官獄	丁 罰獄 壽	午 死喪

坐坤向艮　西四宅　陰龍陽向　水宜右到左

放艮方水吉　土宅宜厚而忌窄

陽宅開門放水宜艮申丙方忌子癸甲方　陰地右水到左吉

左到右凶

内盤艮坤兼丑未　外盤丑未兼艮坤　分金坐丁未向丁丑　分界七未三坤度坐井向斗

内盤坤艮兼寅申　外盤坤艮兼丑未　分金坐辛未向辛丑　分界三未七坤度坐井向斗

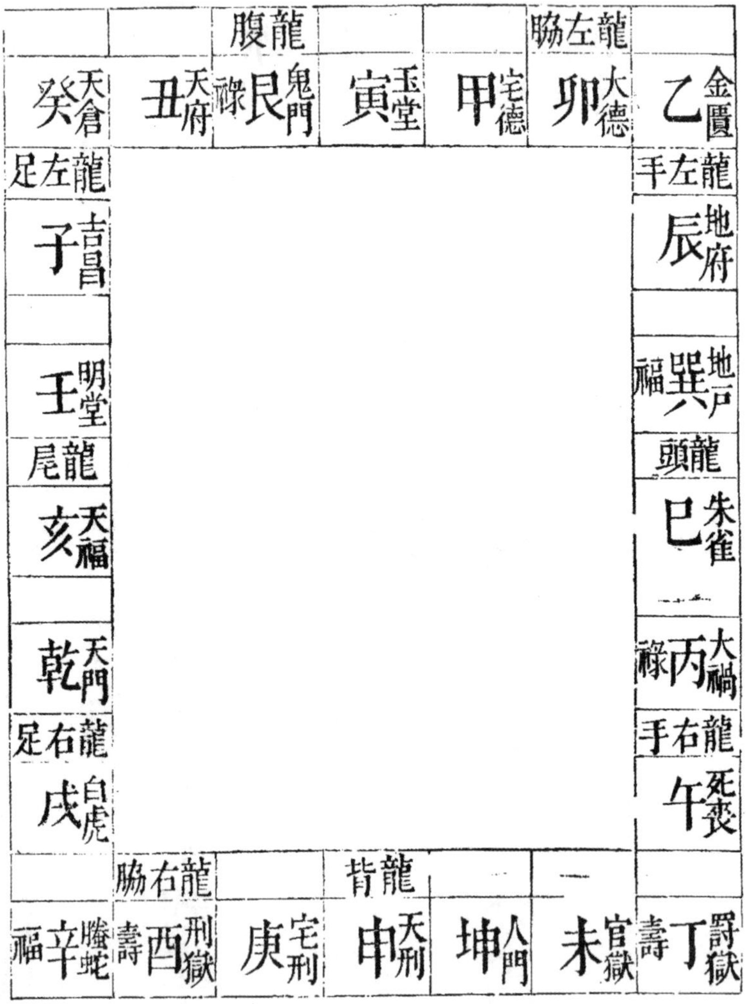
乙 金匱
龍左脇
卯 大德
甲 宅德
寅 玉堂
龍腹
艮 鬼門 祿
丑 天府
癸 天倉
龍左手
辰 地府
巽 地戶 福
龍頭
巳 朱雀
丙 大禍 祿
龍右手
午 死喪
丁 罰獄 壽
未 官獄
坤 人門
龍背
申 天刑
庚 宅刑
龍右脇
酉 刑獄 壽
辛 螣蛇 福
龍右足
戌 白虎
乾 天門
龍尾
亥 天福
壬 明堂
龍左足
子 吉昌

坐申向寅　西四宅　陰龍陽向　水宜右到左

放甲方水吉　土宅宜厚而忌窄

陽宅開門放水宜甲癸方忌艮乙方　陰地右水到左吉左

水到右凶

內盤申寅兼坤艮　外盤坤艮兼寅申　分金坐丙申向丙寅　分界五坤五申度坐參向箕

內盤申寅兼庚甲　外盤申寅兼坤艮　分金坐庚申向庚寅　分界正申度坐觜向尾

	龍腹			龍左脇		龍左手
天府丑	鬼門艮祿	玉堂寅	宅德甲	大德卯	金匱乙	地府辰
天倉癸						地戶巽福
龍左足						龍頭
吉昌子						朱雀巳
明堂壬						大禍丙祿
龍尾						龍右手
天福亥						死喪午
天門乾						罰獄丁壽
龍右足		龍右脇		龍背		
白虎戌	螣蛇辛福	刑獄酉壽	宅刑庚	天刑申	人門坤	官獄未

坐庚向甲　東四宅　陰龍陽向　水宜左到右

放甲方水吉　金宅宜徵明而不宜太明

陽宅開門放水宜甲壬丙方忌辰巽方　陰地左水到右吉

右水到左凶

內盤甲庚兼寅申　外盤寅申兼甲庚　分金坐丙申向丙寅　分界七申三庚度坐畢向尾

內盤甲庚兼卯酉　外盤甲庚兼寅申　分金坐庚申向庚寅　分界七庚三申度坐畢向心

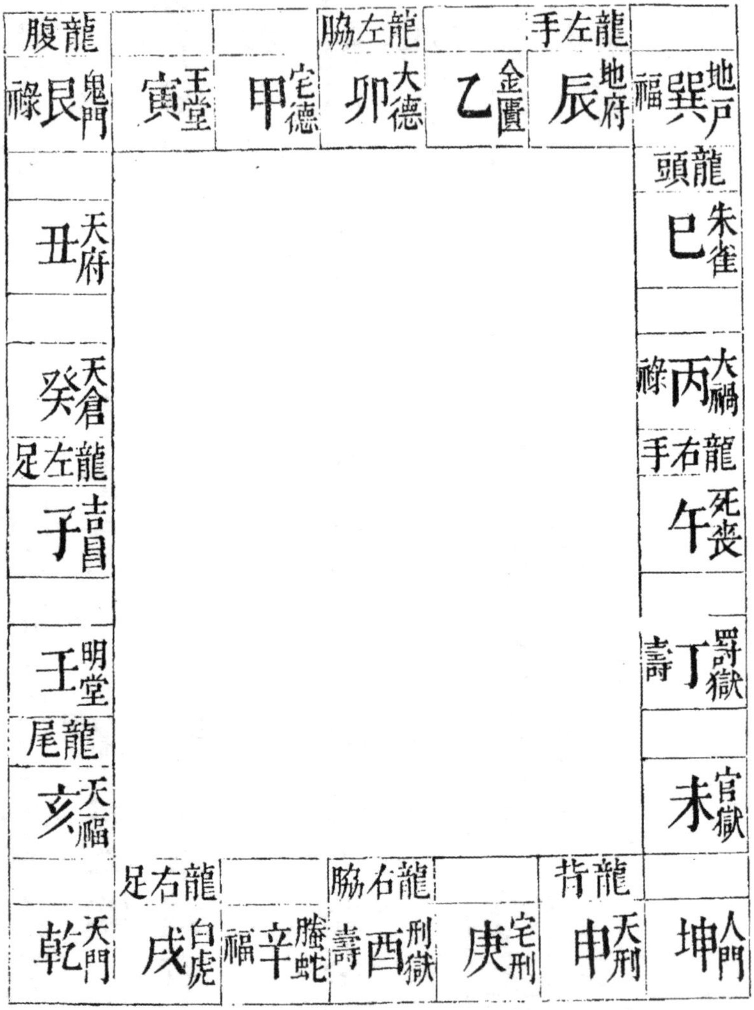
龍腹
鬼門 艮 祿
王堂 寅
宅德 甲
龍左脇
大德 卯
金匱 乙
龍左手
地府 辰
地戶 巽 福
龍頭
朱雀 巳
大禍 丙 祿
龍右手
死喪 午
罰獄 丁 壽
官獄 未
人門 坤
龍背
天刑 申
宅刑 庚
龍右脇
刑獄 酉 壽
螣蛇 辛 福
龍右足
白虎 戌
天門 乾
天福 亥
龍尾
明堂 壬
吉昌 子
龍左足
天倉 癸
天府 丑

坐酉向卯　東四宅　陰龍陽向　水宜左到右

放乙方水吉　金宅宜微明而不宜太明

陽宅開門放水宜癸乙方忌辰巽巳方　陰地左水到右吉

右水到左凶

內盤酉卯兼甲庚　外盤甲庚兼卯酉　分金坐丁

酉向丁卯　分界五庚五酉度坐昴向房

內盤卯酉兼乙辛　外盤卯酉兼甲庚　分金坐辛

酉向辛卯　分界正酉度坐胃向氏

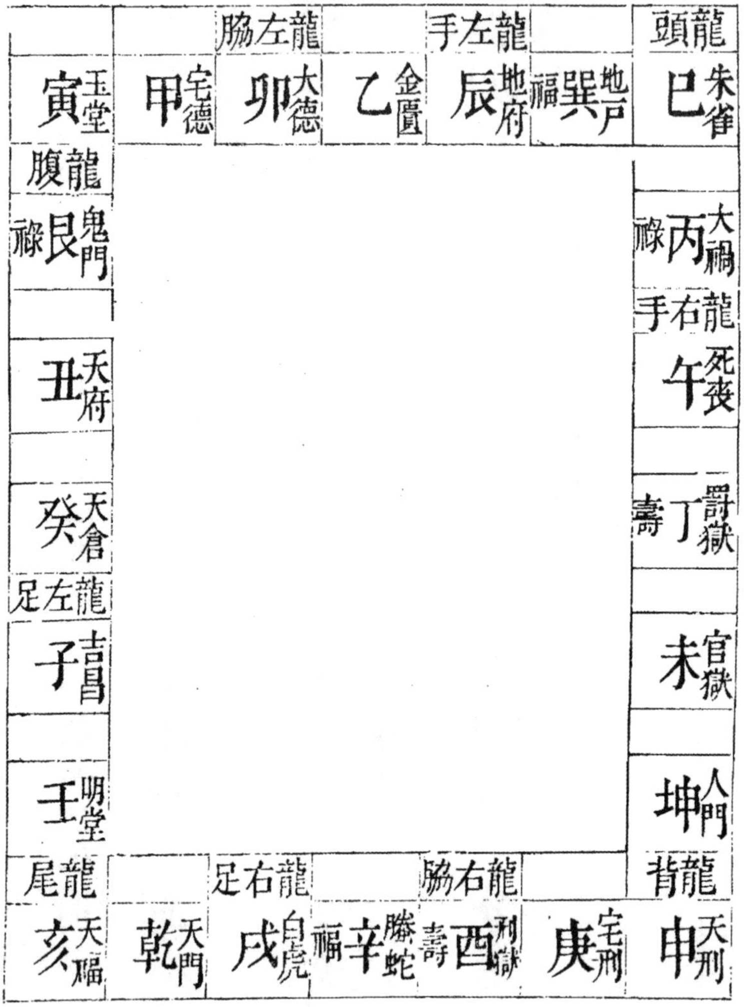
巳 朱雀 龍頭
巽 地戶 福
辰 地府 龍左手
乙 金匱
卯 大德 龍左脇
甲 宅德
寅 玉堂
龍腹
艮 鬼門 祿
丑 天府
癸 天倉
龍左足
子 吉昌
壬 明堂
龍尾
亥 天福
乾 天門
戌 白虎 龍右足
辛 滕蛇 福
酉 刑獄 壽 龍右脇
庚 宅刑
申 天刑 龍背
坤 人門
未 官獄
丁 罰獄 壽
午 死喪 龍右手
丙 大禍 祿

坐辛向乙　東四宅　陰龍陽向　水宜右到左

放乙方水吉　金宅宜微明而不宜太明

陽宅開門放水宜癸丙乙方忌巽辰方　陰地右水到左吉

左水到右凶

內盤乙辛兼酉卯　外盤卯酉兼乙辛　分金坐丁酉向丁卯　分界七酉三辛度坐胃向氐

內盤乙辛兼辰戌　外盤乙辛兼卯酉　分金坐辛酉向辛卯　分界三酉七辛度坐婁向亢

	龍右脇		龍右足		龍尾	
庚 宅刑	壽 酉 刑獄	福 辛 螣蛇	戌 白虎	乾 天門	亥 天福	壬 明堂
龍背						龍左足
申 天刑						子 吉昌
坤 人門						癸 天倉
未 官獄						丑 天府
						龍腹
壽 丁 罰獄						祿 艮 鬼門
龍右手						
午 死喪						寅 玉堂
	龍頭		龍左手		龍左脇	
祿 丙 大禍	巳 朱雀	福 巽 地戶	辰 地府	乙 金匱	卯 大德	甲 宅德

坐辰向戌　西四宅　陰龍陽向　水宜右到左

放辛方水吉　木宅宜深而忌淺

陽宅開門放水宜丁辛方忌乾方　陰地去水吉來水凶

內盤辰戌兼乙辛　外盤乙辛兼辰戌　分金坐丙

辰向丙戌　分界五乙五辰度坐角向婁

內盤辰戌兼巽乾　外盤辰戌兼乙辛　分金坐庚

辰向庚戌　分界五乙五辰度坐角向奎

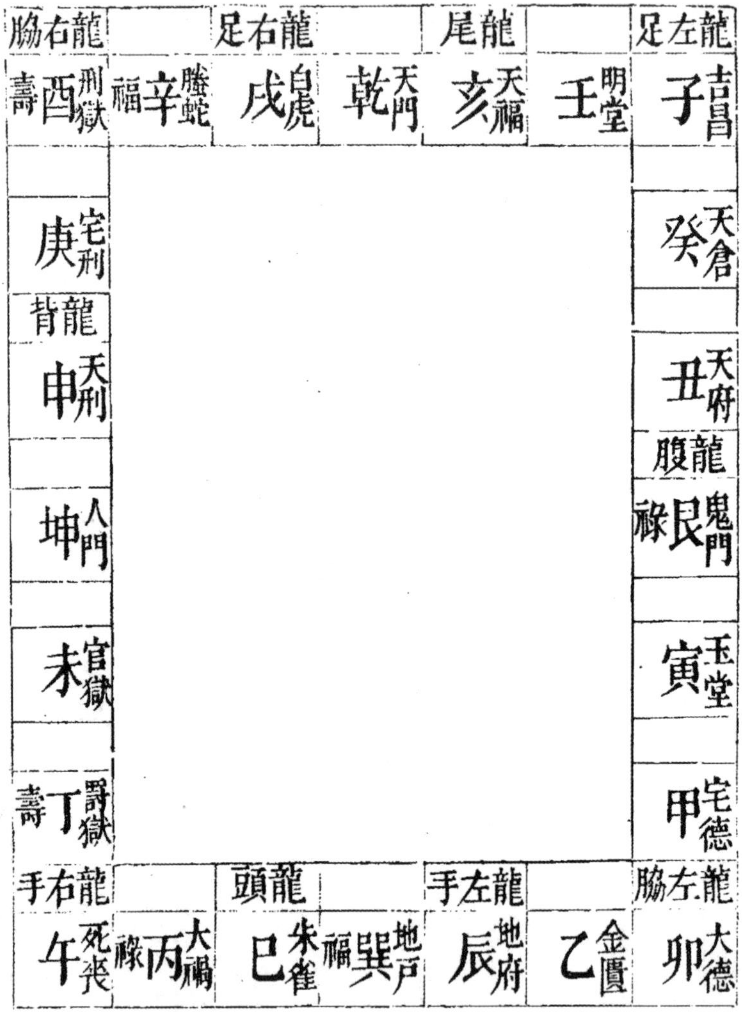
龍左足
龍尾
龍右足
龍右脇
子 吉昌
壬 明堂
亥 天福
乾 天門
戌 白虎
辛 螣蛇 福
酉 刑獄 壽
癸 天倉
丑 天府
龍腹
艮 鬼門 祿
寅 玉堂
甲 宅德
庚 宅刑
龍背
申 天刑
坤 人門
未 官獄
丁 罰獄 壽
龍左脇
龍左手
龍頭
龍右手
卯 大德
乙 金匱
辰 地府
巽 地戶 福
巳 朱雀
丙 大禍 祿
午 死喪

坐巽向乾　西四宅　陰龍陽向　水宜右到左

放癸方　木宅宜深而忌淺

陽宅開門放水宜庚癸方忌乾壬方　陰地右水到左吉左

水到右凶

內盤巽乾兼辰戌　外盤辰戌兼巽乾　分金坐丙

辰向丙戌　分界七辰三巽度坐軫向奎

內盤巽乾兼巳亥　外盤巽乾兼辰戌　分金坐庚

辰向庚戌　分界三辰七巽度坐軫向壁

天倉 癸
龍左足 吉昌 子
明堂 壬
龍尾 天福 亥
天門 乾
龍右足 白虎 戌
騰蛇 辛 福

天府 丑
龍腹
鬼門 艮 祿
玉堂 寅
宅德 甲
龍左脇
大德 卯
金匱 乙

龍左手 地府 辰
地戶 巽 福
龍頭 朱雀 巳
大禍 丙 祿
龍右手 死喪 午
罰獄 丁 壽

龍右脇
刑獄 酉 壽
宅刑 庚
龍背
天刑 申
人門 坤
官獄 未

坐巳向亥　西四宅　陰龍陽向　宜右水到左

放癸方水　木宅宜深而忌淺

陽宅開門放水宜癸庚辛方忌乾壬方　陰地右水到左吉

左水到右凶

內盤巳亥兼巽乾　外盤巽乾兼巳亥　分金坐丁巳向丁亥　分界五巽五巳度坐翼向室

內盤巳亥兼丙壬　外盤巳亥兼巽乾　分金坐辛巳向辛亥　分界正巳度坐翼向室

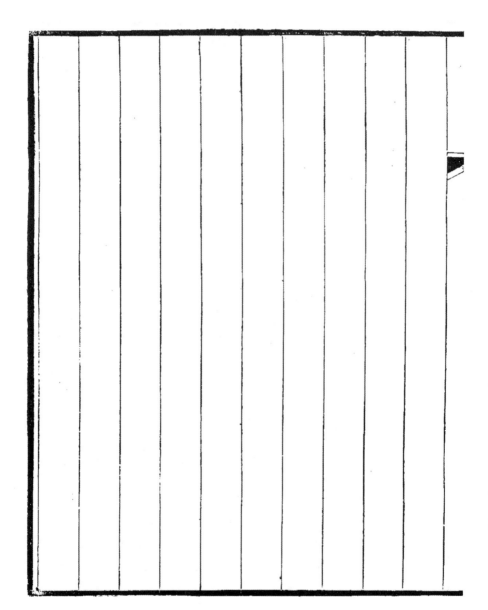

安居金鏡卷三

周　南梅堂甫　仝輯
呂　臨蔚若甫

吳永年巽嶼甫鑒定
王惟諫司直甫叅閱
薛　儁理齋甫　仝較
陸　煌檀甫甫

搜源鑑

二十四向起數法

乾戌申宮向上行未丁卯位一同壬若識子癸巽巳丙左邊起數法分明以上一十二向並從左首起河圖洛書數順行

午位相同庚酉辛丑向又兼甲乙辰亥寅坤艮皆從右紫白相加法甚明以上一十二向並從右首起河圖洛書數逆行

河圖數

一水二火三木四金五土六水七火八木九金十土

洛書數

一白水二黑土三碧木四綠木五黃土六白金七赤金八白土九紫火

子英曰天地間原只有這个數百物之生息皆逃不出是數之外當夫萬緣俱息一物不有廓

然無朕之時何有乎數然而生生之机實默運于个中故有太極卽有陰陽成兩儀生四象以畫八卦也陽宅之數一起于層一起于間未作宅時五行無所依據數固無從而起惟詳觀形勢全憑天地自然之造化以俟知者之裁成既作宅時則層卽于此立間卽于此分而數卽隨之起是貴殫力精推以求合矩而不得漫然矣第層數之起自外而內一定不移起間之數法當先明陰陽順逆古八以納甲分二十四山陰陽說亦祖于洛書之數乾居正南數九爲陽甲

干從之坤居正北數一爲陽乙干從之坎居正西數七爲陽而納癸申辰離居正東數三爲陽而納壬寅戌艮居西北數六爲陰丙干從之巽居西南數二爲陰辛干從之震居東北數八爲陰而納庚亥未兌居東南數四爲陰而納丁巳丑皆取數奇爲陽數偶爲陰而因名爲淨陰淨陽也陽宅間數之起本于淨陰淨陽而更變化于淨陰淨陽之中葢坟塚爲亡魂所守法取靜專居址爲生人所棲法取動直故扦塟止論淨陰淨陽以立穴而營宅更論分陰分陽以定向

也分陰分陽者以寅申爲界限自寅至坤十二位爲陽自申至艮十二位爲陰凡十二陽位之中而更遇淨陽謂之獨陽不生數從右起逆行若遇淨陰則陰陽相配而數左起順行十二陰位之中而更遇淨陰謂之孤陰不長數從右起逆行若遇淨陽則陰陽相應而數從左起順行然其陰陽順逆皆從向定不依坐山取用何也陽宅本主變動而向爲出入之所靈動之機受氣之首也以寅申分陰陽者取人生于寅之義也宅建于地爲人棲止以受天氣者也故從人

生之候以分之也河圖之數始于一而終于十數之盈也洛書之數始于一而終于九陽之極也數盈則復陽極則變天地之道一變一復而化成明乎此則豈止知宅兆之吉凶而已哉

八宅佈星論六事法

坎宅 一白入中宮二黑到乾三碧到兌四綠到艮爲退炁五黃到離爲關六白七赤到坎坤爲生炁八白到震爲殺炁九紫到巽爲財

坤宅 二黑入中宮三碧到乾四綠到兌爲殺炁五黃到艮爲關六白到離七赤到坎爲退炁八白到坤爲旺炁九紫到震爲生炁一白到巽爲財

震宅 三碧入中宮四綠到乾爲旺炁五黃到兌爲關六白七赤到艮離爲殺八白到坎二黑到巽爲財九紫到坤爲退炁一白到震爲生炁

巽宅 四綠入中宮五黃到乾爲關六白七赤到兌艮爲殺炁八白二黑到離震爲財九紫到坎爲退炁一白到坤爲生炁三碧到巽爲旺炁

乾宅 六白入中宮七赤到乾爲旺炁八白到兌二黑到坎爲生炁九紫到艮爲殺炁一白到離

爲退炁三碧四綠到坤爲震爲財五黃到巽爲關

兌宅　七赤入中宮八白到乾爲生炁九紫到兌爲殺炁一白到艮爲退炁二黑到離爲生炁三碧四綠到坎坤爲財五黃到震爲關六白到巽爲旺炁

艮宅　八白入中宮九紫到乾爲生炁一白到兌爲財二黑到艮爲旺炁三碧四綠到離坎爲殺炁五黃到坤爲關六白七赤到震巽爲退炁

離宅　九紫入中宮一白到乾爲殺炁二黑到兌八白到巽爲退炁三碧到艮四綠到離爲生炁五黃到坎爲關六白到坤七赤到震爲財

已上八宅凡關殺方有六事動用者損孕婦產死或少年夭亡或出孤寡或出殘疾各以類斷生方有六事動用者財退又當詳九星之吉凶

以定之如三白星本爲上吉逢生旺吉中又吉遇財退亦不失爲吉皆可動用如尅煞必主八財兩敗多致絶滅三碧九紫星爲次吉生旺獲福死退生殃若遇殺氣敗不旋踵二黑七赤生旺聊施福澤死退亦降災殃尅殺敗亡立至五黃所在不論生尅俱爲大凶不可動用犯之立至瘟黃災禍死亡絶滅

子英氏曰此單論宅而不論局也宅者向離卽坎向震卽兌之謂局者取山峙水界之方以審受氣之由外之山巒獻秀河海朝迎則輕宅而重局內之六事合宜動靜如法則輕局而重宅一宅之中生旺喜動關煞喜靜故作房不妨就煞而六事必居生旺六事者門路井灶猪牛欄坑厠等項是也其中門路又爲第一緊要固宜居九星生旺之方尤喜合本山長生之位如坎宅七赤臨坤爲生炁申上乃坎山長生之位故坎宅喜開申門行申路離宅三碧臨艮爲生炁

寅乃離山長生之地故離宅喜艮寅門路然九星與長生相合者惟四正之宅爲然至四維之宅則當專以九星爲主叅之以十二長生之位使不犯死絕之方乃可耳井灶等項固喜生旺尤貴立于天干之位忌犯地支恐太歲塡實生災也

層數間數法

河圖數

第一層第一間皆屬水第二層第二間皆屬火第三層間皆屬木四皆屬金五皆屬土第六層第六間復皆屬水第七層第七間復皆屬火依次數去層數自外而內間數依二十四向數法陰陽順逆起間一斷卽止

餘間再起一水復行如七間一斷另接間架數至二火卽止餘屋復起一水依次而行

洛書數

第一層第一間皆一白入中宮第二層二間二黑入中宮第三層三間三碧入中宮第四層四間四綠入中宮第五層五間五黃入中宮第六層六間六白入中宮第七層七間七赤入中宮第八層間八白入中宮第九層間九紫入中宮第十層第十間復以一白入中層數自外而內間數依陰陽順逆而起以所得之星入中順飛九宮視其生殺死退

又凡屋造一間者屬水二間者屬火三間者

屬木四間者屬金五間者屬土六間者屬水
七間者屬火依此推之

漢傑氏曰立宅當先論層數間數與宅之宜忌合否何如即可推其宅之盛衰興替如坎宅一白入中正屋造三間爲水木相生人財大旺四間金水相生亦發財丁九星四綠文昌所屬主發文秀人亦好淫五間土來尅水必主孤絕二間水火相殘夭亡孤寡復多血疾此論間法也論層則以本山與飛臨所得之星爲主以視生尅如坎宅一白入中六白臨坎若一層兩層則

以坎山尅兩層之火而兩層之火復尅坎上六白之金主出少亡橫死孤寡敗絕三層受山之生受星之尅吉凶相半四層于山受生于星和旺財祿固優人丁亦盛五層受星而尅宅吉少而凶多六層受星生而宅比和人共財而咸吉再合間數而取之則吉凶瞭然矣如坎宅四層三間或四間或六間正屋者必然大發財丁四層五間二層五間二層二間五層五間五層二間三層五間者殺氣縱橫敗無噍類三層三間五層四間三層六間者是非相半興廢不常得

運則興失時則敗或有財無丁或有丁無財此其大略也其餘則例此推之然又有爲局之所喜宅之所忌或宅之所喜局之所忌者則當推運之美惡以定災祥如震局兌宅而造三間兩層則爲局所喜而宅所惡逢木火司運而忽興遇金土當權而頓廢自然之數也至于欲知何層之可住與否則先觀其局與宅之爲生爲殺而後復詳其本層生旺關煞死退之方六事冲射以決之如坎局第一層屬水爲旺坎坤二位復有門路井灶等件乾震兩方並無屋脊橋道

等項則必大發財丁第二層既爲局之尅殺而乾兌艮方復有六事動用外有道路冲射則必損人夭敗也

從屋宜忌法

前層爲朱雀　左側爲青龍

右側爲白虎　後層爲元武

漢傑氏曰從屋者正堂前後左右之廂房也宜與正堂相生忌與正堂尅戰假如正堂三間屬木左右兩廂前後兩層造六間爲水木相生八間爲比和旺相忌造四間九間及五間十間兩相刑戰然又不可使之生旺太過反生災禍幕講僧曰五行生尅以中和爲貴過則損人不及傷財妙在通變不可執一又曰有生無尅財不

興有尅無生人不旺生尅兩和人財兩旺此言正爲從屋設也假如正堂三間屬木前廳三間亦屬木後層六間屬水生木則正堂之木旺矣若左右兩側或前進臺門復造三間入間木屋或造六間水屋則木盛太過雖發人丁必少財祿又主出虛花不實男女好淫蕩水木性主浮泛過則即生災禍也如造五間十間土屋則木得土財人財兩旺七間火屋則木火通明不止財丁兼主出秀此木屋大旺之吉凶也至於火旺則焚主生血疾并忌火災水旺則出人游蕩

男女多淫金旺則頑剛狠不仁官災孤寡土旺則滯瘟癀惡疾臌脹黃腫以上畢就五行生尅而論至于屋形亦當兼取前層側廂皆宜低于正堂後層元武則宜高于正堂前層若高名客勝主出入昏迷側廂若高名奴欺主孤寡常招後層若低元武受風作事多迍兩廂及前層之簷喜與正堂之簷平等名四合金星最吉葢正屋架數多而從屋架數少則左右及前之屋自低于正堂而簷則自與正堂齊也又正堂為腹前層為首左右廂為手足前層之後兩廂之首

爲頸正堂之傍兩廂之中爲腰頸上不宜缺陷低小若廂房之首另造一二間小屋如向房之向者主投河自縊有路亦然空缺則爲斷頸主外亡橫死如廂房之首有小屋橫造如前層向者名啣屍主路死他鄉腰上不宜有路常招鬼怪盜賊亦主自縊前層後層不宜與正堂各向若自外而入者主異姓同居或招贅壻自內而出者遠出外亡自外而入者從外數至內也如前層坐丑向未正堂坐癸向丁則前層左邊向外右邊向內數從左起則自外而入矣自內而

出者從內數向外也如前層坐寅向申後層坐
丑向未則前層左邊向內右邊向外數從左起
則自內而出矣青龍主長房主男子帶殺披刑
破碎缺陷長房受災男子受禍白虎主小房主
女人帶殺披刑破碎缺陷小房受災女人受禍
明堂主中房帶殺披刑破碎尖長禍應中房明
堂在正堂之前爲前明堂正堂之後爲後明堂
前明堂喜方而稍濶最忌直長猶嫌偪窄後明
堂不宜太寬則內氣不聚財源耗散亦不宜太
狹與前簷相交主出瞽目左右及前層簷交者

禍亦如之左右廂房最忌造于正堂前後之內名曰箝鑲蓋基地不寬即于前後明堂之內造兩廂房正堂左右之廂房披前冲後射明堂勢必緊狹蔽塞天光多致口舌官災損傷小口或多女少男或竟無生育職此之故不可不慎又當視其所箝幾間以言災禍如一間所冲之房內主投河二間吐血產厄三間顛狂四間自縊五間瘟𤻲此皆最關宅中利害者故述于此至若正堂前後有小屋或斜冲及左右歪斜龍虎帶箭擺尾諸凶詳屋形篇中

截路分房法

一層屋正堂之中爲中宫　二層屋明堂爲中宫
三層屋中層爲中宫　四層屋中明堂爲中宫
五層屋第三層爲中宫　六層屋第三層之後
四層之前爲中宫　七層屋第四層爲中宫

漢傑氏曰凡宅之中宫當視前後左右所占之
多寡而定一層屋前後並無明堂則以正堂棟
柱下爲中宫若左右兩廂直出正堂前面築墻
橫欄内有明堂則當以正堂之簷前爲中宫矣
要之宅不拘方圓曲直橫濶直長前後大小皆

要視其所占之地均排八方如二層屋坐坎向
離正堂九間前層九間左右兩廂止三間此係
橫濶屋形則正堂中五間屬坎右二間及右側
近北一間屬乾左二間及左側近北一間屬艮
前層中五間屬離左二間及左側近南一間屬
巽右二間及右側近南一間屬坤左側中間屬
震右側中間屬兌若正堂三間前層三間左右
皆九間此係直長屋形則正堂中間及左右各
半間屬坎左半間及左側北首二間屬艮右半
間及右側二間屬乾前層中一間及左右各半

屬離左半及左側近南二間屬巽右半及右側近南二間屬坤左側中五間屬震右側中五間屬兌若前層三間正堂及左右廂皆九間此係後潤屋形正堂中五間及左右中五間屬坎屬震屬兌正堂左二間及左側近北二間屬艮正堂右二間及右側近北二間屬乾前層中間及左右之半屬離左半及左側二間屬巽右半及右側二間屬坤其餘前潤後狹或左右長短者皆依此而定大約分方定位四正每多四維之半蓋四正從本層本側而取四維則合正側兩

座座而定名雖多而實未嘗多也方位既辨然後佈以九星視其方上所得間數以定五行以較生尅如坎宅乾位二黑飛臨若造三間木屋則木土相戰必主敗亡造四間五間及七間生旺爲吉如間數多而占兩三方者則不必以此論矣至于房間吉凶則以九星合河圖數論生旺爲吉如坎宅乾方二黑加之遇一水三木之間爲殺第二間及第四間屬火屬金爲生是也然作住房惟水木金三者其性冲和若遇生旺得運大發火運平安火性燥烈易興易廢運將

來而頓興運未去而先退土性遲滯位在中宮
運逢生旺不過小康一遇剋殺禍不旋踵乃若
九星五行互相剋戰則禍發各有其類水火相
殘屋屬水剋妻癆怯屋屬火吐血產亡血崩墮
胎以陽剋陰而火象血也火金相剋多主横死
癆怯損少傷丁金木相形多主出孤以木被金
削則無枝葉故也亦主自縊土木相傷多主無
子水土相戰常出天亡亦名寡屋至于九星首
取三白若逢生旺大發財丁若一白相刑主剋
妻六白相刑主無子八白相刑剋小兒二黑生

旺利宅母相尅婦人災非產亡墮胎則血崩癆瘵三碧相生則旺丁相尅多損人四綠生旺產人文秀刑尅男女多淫五黃不論生尅皆爲凶兆若作住房瘟黃敗絕七赤生旺平安尅殺子孫奸盜九紫相生發財發丁相尅孤寡損人此其大畧也神而明之存乎其人

開門安床法

河圖蘊奧是陰陽星卦排來禍福藏殺氣不宜碓灶厠生方切莫去安床生旺自宜安六事殺星反喜作居房退烝須知憂絕嗣開門切忌殺星方惟有五黃凶更速世人避此免刑傷

漢傑氏曰陽宅凡事皆取生旺而獨于安床則曰殺位安床反主吉康又曰殺星反喜作居房何也以生旺喜動而尅殺喜靜也生旺惟動然後吉祥之氣施生尅殺惟靜然後乖戾之氣不作不特一宅爲然卽臥房一室亦若是也故曰

生方切莫去安床一宅之中六事爲動臥房爲靜一房之內臥床爲靜房門爲動床安殺方門開生位謂之向生床安生旺門開殺方謂之就死然擇房不拘本宅生旺尅殺之位惟以河洛九星五行叅取本間生旺而臥房安床則必以向生爲主故曰殺位安床反主吉康所言生殺有秘機在不可誤認葢以冲生之位爲殺而非指九星之闘殺爲殺如寅申相冲以申爲生者卽以寅爲殺床坐寅而向申乃名坐煞巳亥相冲以亥爲生者卽以巳爲殺床坐巳而向亥乃

名向生所言坐向亦非如宅舍墳塋之坐向謂床頭頂處卽名爲坐而門開對冲卽名爲向也然五行生殺之起法非止一例又宜細辨一以坐山起者一以河圖五行起者一以洛書九星起者一以坐山九星起者一以分方九星起者坎離震兌四正之宅以坐山爲主如坐坎申上起長生不拘何間宜開申門再以河洛五行九星叅之艮巽乾坤四維之宅以五行九星爲主如第一間屬水生甲旺子一白入中六白七赤臨坎坤爲生炁宜開坤申坎子二門復以坐山

九星叅之城之中獨間獨進一宅之内另有餘
房或側屋高于正屋或後層脫于前層或止一
二間而他向或有左右廂而遠離不爲正屋所
制不爲上下牽連則止以坐山九星論之復叅
以坐山生旺如坐坎一白入中坎坤爲生坐艮
八白入中乾上爲生不必復以一水二火及一
白二黑等法數間論也至于分方九星亦可論
門論床亦可論冲論射前法吉少凶多則以分
方論之亦能致福如坎宅西南隅坤位卽以二
黑入中震上爲生右廂兌位卽以七赤入中乾

上爲生是也然坐殺向生之法在四正之宅則爲奇妙若四維之宅則不宜執此而論蓋四正之四隅乃寅申巳亥四生之地用以開門則爲向生若四維之四隅乃子午卯酉四旺之鄉用以開門則爲抵旺生方可對而旺方不宜相冲故四維之宅當用三合聯珠之法以安床眞眞至妙至神奪天改命之秘法也假如艮宅第一間屬水一白入中門開坎位申上安床合成申子辰水局床坐一水之生門迎一水之旺而九星六白臨門七赤臨床皆爲生炁以之開門安

床吉莫如之大抵其法惟以河圖五行爲主局生間與旺則宜局尅間與洩則忌例如屬水之間喜合金水二局忌逢木土洩傷開門叅以九星若遇三白飛臨不特取夫生旺卽遇死退亦所不棄此開門安床之要訣也

關殺冲射法

石橋　石路　碓　磨已上屬金　木橋　樓梯

門　倉庫已上屬木　小屋　丘阜　路　高堆

街市　墻已上屬土　高塔　油車　灶　爐厰

銅鐵店　缸瓦窰已上屬火　河港　溪澗　井

坑厠已上屬水

六事五行有以形取者尖者屬火高塔尖砂屋彭之類是也圓者屬金園側池塘堆阜之類是也方爲土小屋坑厠之類是也直爲木直路枯井長屋旗竿之類是也曲爲水灣路灣港橋道

是也尖而斜者人命官司飛災橫死圓而小者墮胎患眼方而空者停喪牢獄又名埋見直而射者盜賊離鄉曲而繞者自縊弔亡亦主落水有以質取者尨石屬金木造者屬木土築者屬土有火者屬火有水者屬水屬火者血疾癆怯屬水者痢疾惡瘡屬木者夭亡牢獄屬土者瘟癀臟脹屬金者橫事官災有以色取者紅者屬火白者屬金黑者屬水青者屬木黃者屬土紅主血光白主孝服黑主災悔青主吉祥黃主瘟癀然六事有內外不同災祥有房局各殊禍福

有星方異類何爲內外不同橋梁道路水路山岡河港溪溝高堆尖跡街市牌樓窰廠坑塹廟宇神壇之類爲外門路井灶碓厠猪欄牛羊倉庫之類爲內何爲房局各殊外六事先論局而後論宅內六事先論宅而後論房外之山水道路等項宜在本局生旺之所忌居關殺而坐山之外關殺之方尤不宜冲射諸凶門路井灶等件宜在坐山生旺之方忌居關殺而臥房之外關殺之方亦不宜六事動用何爲星方異類九星與二十四方災禍之來各有其類也一白刑

妻瞎眼二黑瘟癀寡母三碧出孤瘋病殘疾尅
妻四綠淫佚瘋哮自縊暗啞五黃孤寡黃腫孕
婦損傷小口刑害六白尅妻孤寡刑傷子息七
赤盜賊刀傷投河自縊八白小口損傷壬方山
水吉主驟發極能救貧血財興旺龍眞局美文
武全才卿相顯貴次則納粟監生貢舉富厚凶
主離鄉逃竄游蕩敗亡黃腫落水子癸二方山
水吉主雙生發富龍盤局換砂秀水迎必產奇
才凶主桃花淫亂兄弟屠戮毒藥少亡八生六
指多病肚脹圓墩墮胎水冲落水丑方山水吉

主旺產多田牛羊財帛出入信崇佛老凶主鰥寡僧道橫逆天亡若山如臥屍路死遠方尖砂如刀劍殺戮屠刑艮方山水吉主富堪敵國龍眞局美甲第顯榮親聯國戚食享天祿凶則陰退絕嗣寅方山水吉主大旺財丁離鄉發達凶主瘋盲虎傷有墩師巫持名若圓長博奕國手甲方山水吉則富厚龍合局眞少年科第名魁天下凶則跛足瘋顛頓峯名木笏畫工道士卯方山水吉主文兼武貴出入有操持膽略龍局雙美將相英雄凶主淫亂偷盜殺戮屠刑乙方

山水吉主利名顯達但多生女凶主手殘足疾
螟蛉招壻辰方山水吉主大旺財產凶主落水
瘋顛喑啞痼疾巽方山水吉主少年魁甲文章
冠世小考首選有水特朝因女致富因妻得官
蛾眉山現女作宮妃男婚公主凶主陰退乞丐
或有亂山室女淫佚巳方山水吉主大旺人財
凶主吐血癆瘵少年夭亡蛇傷殺戮有砂閉塞
婦人不生有墩圓小婦人墮胎丙方山水吉主
富壽丙爲赦文家無凶禍龍貴局眞公卿富貴
凶主火災午方山水吉主驟發但多離鄉龍確

局壯世出魁元凶主火災淫亂出賊外亡有墩
瞽目丁方山水吉主男女多壽家無凶禍龍局
全美射策金門凶主腹疼敗亡未方山水吉主
血財興旺凶主僧尼寡婦夭折貧窮有屍山路
死坤方山水吉主富豪多產寡母起家龍局雙
全三甲科第凶主婦女繼孤寡亂山孀母淫亂
鉢盂山出尼姑申方山水吉主大旺財丁少年
發達凶則虛癆損少庚方山水吉則巨富龍眞
局大多主武職出人有胸襟膽略名顯華夷尖
峯爲判筆爲官片言折獄凶主盜賊殺傷綠林

英傑西方山水吉主出人文雅龍眞局美科甲顯榮凶主淫亂遭刑此方缺陷爲官陣亡辛方山水吉主文章秀麗年少登科官居翰苑風流俊雅更多金寶凶主乞丐無嗣戌方山水吉主富而且貴龍眞局的驟發起家凶主回祿尅妻瞎聾喑啞更多悖逆不忠之輩乾方山水吉主富豪貴顯龍局重厚宰輔狀元凶主跛聾駝矮頭痛吐血鰥寡絕嗣繼贅尅妻癆瘵夭亡亥方山水吉主大旺財丁人家良善凶主虛癆吐血少年夭亡家業退敗此以宅外山水取冲射明

吉凶也宅內六事災福亦其類門路盜賊夭亡牢獄遭刑井臨金自縊臨水投河出啞出淫子孫愚魯聾目痢疾小兒驚風賭博飄蕩灶主婦女損傷小口刑害目疾聾聵碓主官災橫禍墮胎損孕小口喪亡亦主淫啞坑主淫溢耳聾黃腫喪亡廁主小口損傷男女淫亂痢疾臌脹猪牛羊欄小兒驚風痘疹喪亡脚爛生瘡至于臥房則以生尅論之如一白間有屬土六事小屋墻頭丘阜等項冲射必主孤絕癆怯二黑間有屬木六事倉庫樓梯木橋等項冲射必主婦女

刑害其間有灶必主產亡三碧間有屬金六事冲射必出寡母僅生一子四綠間有屬金六事必主淫佚絕嗣五黃間有屬木六事相冲孤寡瘟癀六白間有屬火六事相冲必主無子目盲七赤間有屬火六事相冲財丁兩敗官司破家八白間有屬木六事主小口刑傷九紫間有屬水六事相冲瘟癀臌脹與本間關殺之方相併者禍重與本間生旺之方同臨者禍輕三白間相生六事冲射大旺財丁若在生方吉中又吉如遇關殺禍重福輕又四綠之間若有井灶主

得橫財此以宅內六事論臥房取冲射斷吉凶
也合內外之刑冲詳局宅之宜忌分房間之禍
福陽宅之能事畢矣

大小二運法

大運　上元一白主運　中元四綠主運

　下元七赤主運

又上元甲子甲戌二十年一白主運

　　　甲申甲午二十年二黑主運

　　　甲辰甲寅二十年三碧主運

中元甲子甲戌二十年四綠主運

　　甲申甲午二十年五黃主運

　　甲辰甲寅二十年六白主運

下元甲子甲戌二十年七赤主運

甲申甲午二十年八白主運

甲辰甲寅二十年九紫主運

小運　第一元甲子十二年水運　第二元丙子

十二年火運　第三元戊子十二年木運

第四元庚子十二年金運　第五元壬

子十二年土運

漢傑氏曰入山建造運逢生旺龍神有氣昜于

發越如遇尅殺卽得美局亦主平平局宅失宜

禍不旋踵如坎龍上元甲子一白元龍主事下

元七赤生氣主事大利營建修造上元甲申後

八十年下元甲申後四十年運逢尅退不宜動作營爲欲知八宅興廢之年則以坐山及層數間數推之如坎山四層三間正屋上元一白主管二十年內坎山得旺運三間得生炁甲辰二十年內及中元甲子二十年三碧四綠主管三間得旺運甲辰二十年及下元甲子二十年內六白七赤主管層得旺運山得生炁皆主發越上元甲申後二十年二黑主運中元甲申後二十年五黃主事下元甲申後二十年八白主事皆爲本山殺氣但本宅層數間數合宜亦主平

平不致敗絕欲知八方興廢之年則以本方所得之九星與三元甲子所得之九星較其生尅生旺則興尅殺則廢如坎宅乾方二黑飛臨上元甲申後二十年二黑主運中元甲申後二十年五黃主運下元甲申後二十年八白主運爲旺下元甲辰後二十年九紫主運爲生主興上元甲辰後二十年三碧主運中元甲子後二十年四綠主運爲殺主敗是也欲知間數興廢之年則以本間所得之五行與五子元運所得之五行較其生尅生旺則興尅殺則廢如一水間

值甲子十二年水運爲旺丙子十二年火運爲
財戊子十二年木運爲退庚子十二年金運爲
生壬子十二年土運爲殺是也大約九星行運
起造論龍而四圍之山岡水路亦在檢點之中
統宅論山而一宅之層間正從亦在取用之列
是以申水朝堂坤峯高峙巨門得令而必興三
層並建塔必三間文曲當權而必發至于趨吉
避凶全在方臨生旺移房廸吉豈可間遇休囚
其間衰旺廢興全在目力之巧心思之靈以消
息之雖當執法而不可泥于法也

轉移禍福法

世代傳居已有年並不裝修門路遷八卦由來生旺氣各分限數不同年乾金旺氣四十載坎水二十九年全艮土三十三年運震木三十一年延巽木三十五載發離火三十四年連坤土年逢二十九兌金三十六年旋此年此氣如旺盡轉吉生凶不似前立應陰陽分與廢勸君仔細好推研

子英氏曰大凡陽宅住久發越已過則氣衰力微若不用人工以扶持之多致冷退是以古人有三十年一小修六十年一大修之說經曰其

田雖艮鋤耨乃芳其宅雖善移修乃昌蓋八宅旺氣各有年限惟于限終之時選擇吉期用工修之則生氣再續發福如前矣其八宅年限之數各以本卦六爻分陰陽而取陽爻得數六年陰爻得數四年再加一水二火三木四金五土之數即得如乾宅六爻皆陽共得三十六數再加乾金四共成四十數坎宅六爻二陽得十二數四陰得數十六共得二十八數再加水數一共成二十九數是也八山九局氣盛則吉氣盡則凶于此而欲轉移禍福全在智者之圖維然

此特言宅之合式而氣衰乃有前後披簷左右
拖長逼窄尖斜者皆宜折毀整齊除斜作方毀
暗為明使明堂寬廣左右勻停四圍圓淨是為
得之又有層數犯殺不宜則于正堂之前前層
之後或正堂之後後層之前橫築一墻居中作
門分明堂為兩則墻亦作一層如艮宅起造三
層于山為殺則于正當前後築墻改作四層反
凶成吉若于簷下築墻明堂不分為兩居中不
作門戶則墻又不得謂之一層矣又有屋宅各
進面前形勢不善或八方飛星尅殺不拘正側

皆于面前築墻打斷中無門路另作一宅自取生旺此皆趨吉避凶之活法也至于房間則以正堂間數起長生遇長生官旺之方可作住房如正堂三間亥上起長生丑爲冠帶寅卯爲官旺然必合河洛之數方可久居河洛之數者以本山九星飛臨加一水二火等法以爲生尅是也然往往有間數方隅兩相尅害而限于地位必欲作房勢不得已則有移凶易吉以一折兩之法在蓋以一間分作兩間前後對棟打斷前半作本位而後半作第二間取五行佈九星如

坎宅乾上第一間土來尅水不吉對冲折斷前半作第一間後半作第二間屬火火土相生九星二黑入中反凶爲吉但此乃借法非正作也故第二間原作屬火不作屬木若第二間折開則後半爲第三間屬木三碧入中其第三間原是屬木不相改易其開門安床後半一以第二間五行爲主以論生尅床及開窗郎宜向後但忌棟下開門須通前半亦忌腰脇開門外通別室外有九星弔替論房一法并附于後以俟考驗

法以本層所得之星入中視本間位上所得何星以論生尅如第一層第三間卽以一白入中八白到震震乃第三間本位也木土相尅名宮尅星第三層第七間卽以二黑入中四綠到兌金來尅木亦名宮尅星第三層第十二間卽以三碧入中一白到間水來生木名星生宮生則吉而尅則凶餘倣此例推之

年星神殺法

上元甲子起一白中元甲子起四綠下元甲子起七赤逆尋太歲所住之宮爲值年星順飛九方視五黃所在與諸殺併臨必主損人災禍

年星臨層弔替法

以值年星加第一層順數遇星層相尅即主災凶

如五黃值年即以五黃加第一層六白加第二層

七赤加第三層依次輪加第一層五黃所到復尅

本層第三層亦星尅層主凶又以值年星入中順

飛尋本層位上所得之星加本層第一間輪佈視

本間所得何星以論生尅以定吉凶如五黃值年

即以五黃入中順飛一白臨坎坎乃第一層本位

即以一白加第一層第一間二黑加第一層第二

間輪佈二黑臨坤坤乃第二層本位即以二黑加

第二層第一間三碧加第二層第二間輪佈遇生

則吉逢尅則凶

年星臨間弔替法

以值年星加第一間順數遇星間相尅即生災禍如五黃值年即以五黃加第一間六白加第二間七赤加第三間依次數去第一間與第二間星尅間主凶又以臨間之星入中順飛尋本間位上所得之星以論生尅以定吉凶如五黃加第一間即以五黃入中坎乃第一間本位一白飛臨爲弔凶替吉六白加第二間即以六白入中坤乃第二間本位三碧飛臨爲弔吉替凶七赤加第三間即以七赤入中震乃第三間本位五黃飛臨爲弔凶替

凶餘倣此

年星臨門弔替法

以值年星入中飛輪視統宅大門上所得何星則知一宅何間吉凶以值年星入中飛輪視本間門上所得何星即以門上之星入中順飛九宮視其本間所得何星則知本間當年吉凶如五黃值年門開坤位以五黃入中二黑到門復二黑入中順飛七赤臨坎第一間本位八白臨坤第二間本位之例是也

以上數例大忌五黃臨方臨層臨門二三相併謂之堆黃必主損人逢尅必主兩三人二黑七

赤加臨逢魁亦主損人餘星逢魁不過小災又
若年星不吉而復門路冲射等項加臨都天神
殺立見生災殺人大敗

神殺

戊己都天

每年五虎遁至戊己兩干所占之地是也大忌與五黃及諸殺相併所臨之地若有冲射門路等件必主損人

三殺

申子辰年在巳午未　寅午戌年在亥子丑

亥卯未年在申酉戌　巳酉丑年在寅卯辰

十二赶殺

一太歲損宅長女　二太陽生子　三喪門孝服　四太陰主生女

五官符爭訟　六死符主退財　七歲破損宅母　八龍德吉慶

九白虎生病孝服　十福德吉慶　十一弔客孝服　十二病符生病

一驛馬吉凶迅速　二六害　三黃旛　四劫殺卽三殺

五災殺卽三殺　六的殺卽三殺　七怨殺　八仇殺　九

豹尾十天官符爭訟十一大殺十二扳鞍吉慶
申子辰年寅上起驛馬　己酉丑年亥上起驛
馬　寅午戌年申上起驛馬　亥卯未年巳上
起驛馬
天喜子年酉上起丑年申上起逆行十二位　主生男
紅鸞天喜對冲子年卯上起逆行十二位　主生女
漢傑氏曰五黃戊己二者皆屬土位在中宮五
黃以戊己爲用戊己依五黃爲體二者併臨立
主喪亡災禍所臨之方高壓冲射鬬殺動用必
主損人若造作動土其禍尤烈經云都天無架

則禍不速不動則禍不烈架者謂加併太歲三殺等凶也動者謂闘殺之方外有橋道牌坊高壓等凶內有井灶門路六事等件也大抵五黃戊己忌與太歲三殺歲破諸凶相併災如所主若不併臨災禍常輕太陽天喜所臨得子太陰紅鸞所到得女其法皆以三方弔合取用若太陽天喜臨山臨向及臨本宅大門之上無不坐喜添丁其方所則以三合及對冲而取如太陽天喜臨申則申子辰及寅方應得有喜是也太陰紅鸞所臨生女亦如前法然天喜紅鸞多取

坐而太陽太陰多取照故天喜到床到門必主
生子太陽照床照門亦必生子紅鸞到床到門
必主生女太陰照床照門亦必生女天喜臨方
到山必主生子而太陽所弔之方及所照之方
亦必生子紅鸞到方臨山必主生女而太陰所
弔之方及所照之方亦必生女六陽年天喜與
太陽同弔紅鸞與太陰同弔六陰年天喜與太
陰同弔太陽與紅鸞同弔六陽年取天喜太陽
所弔之方生子如子年己酉丑三方是也六陰
年取天喜所到之方與太陽所照之方生子如

丑年取申方是也太陰紅鸞生女同前例推又戊己都天雖爲凶殺如臨方明淨精潔反主得喜生兒訣云天喜到太陽照都天到處皆爲妙臨方明潔產嬰孩房中暗黑生女兆盖天喜太陽所臨雖主生男若房內暗黑蔽塞陽光又主多得女喜久防絕嗣不可不審也若無子之家欲移房生子則視本年太陽弔照之方天喜所臨之位擇房一間面前並不蔽塞並無冲射開生旺之門安向生之床而復本年太陽天喜各各臨照門床移後卽能坐喜生兒無不獲驗欲

知坐喜之月以戌加寅數至當年太歲上起一
太歲二太陽視所臨之太陽以孟仲季月法取
之如子年以戌加寅上數至辰上得當年太歲
太陽在巳應寅申巳亥四孟月坐喜欲知生產
之月則視月星五黃或臨門或臨床或臨間之
月定之如子年第一間申門艮床則主正七月
及八月生產是也
月星法四仲年八白起正月四孟年二黑起正
月四季年五黃起正月

辨局立向法

乙丙交而趨戌辛壬會而聚辰斗牛納庚丁之氣金羊收甲癸之靈

漢傑氏曰此四大局法認水口詳流神左右倒以辨陰陽順逆起生旺衰墓以定向首消納水神趨吉避凶轉禍爲福之妙法也與九山紫白局法名同而實異九山紫白局法取水界之方以定來龍入首名之曰局喜與坐山生旺或魁星入宅若逢殺煞到山必主敗絕如坎局二黑到乾六白到坎造乾坎二山爲生煞入宅八白

臨震造震宅爲魁星入宅四祿臨艮造艮宅爲殺氣入宅蓋以坐山爲忌局上飛來九星刑尅本山立主凶敗絕滅此相局立宅之要法也至于四大局法則以水口爲主觀水神之去來順逆以定陰陽水自左倒從子丑寅卯之方歷辰巳午未以至戌亥爲順爲陽水自右倒從亥戌酉申之方歷未午巳辰以至丑子爲逆爲陰水歸丑庫局之順者爲陽金局之逆者爲陰火水歸辰庫局之順者爲陽水局之逆者爲陰金水歸未庫局之順者爲陽木局之逆者爲陰水水

歸戌庫局之順者爲陽火局之逆者爲陰木此四大局法天地生成一定而不可移者至于立向則陽金立陰火之向陽水立陰金之向陰金立陽水之向陰火立陽金之向陽木立陰水之向陽火立陰木之向陰木立陽火之向陰水立陽木之向名曰元竅同闢陽金立陰金之向陰金立陽金之向陽水立陰水之向陰水立陽水之向陽木立陰木之向陰木立陽木之向陽火立陰火之向陰火立陽火之向名曰陰陽配偶其局其向皆以聯珠三合而取其針則以先天

十二支而定正針則壬得子之半癸得子之半縫針則壬子同宮中針則子癸同宮說詳青囊天玉二經愚註中其局法向首止金木水火而無土何也土居中位旋轉八方分寄四維雖無定局而四局之中局局有存焉此正造化之元機也陳希夷先生洞明天秘著平砂玉尺以洩之其乙丙交而趨戌四句乃辨局立向之奥旨世人不知其秘誤認乙丙爲二干向首夫山有二十四山龍有二十四龍向有二十四向何獨舉八干而遂遺四維十二支乎則知希夷先生

所言者局也非向也乙陰木也陰木生于午墓于戌丙陽火也陽火生于寅亦墓于戌此言水之左倒而歸戌庫者則會成寅午戌之陽火局水之右倒而歸戌庫者則會成午寅戌之陰木局皆以戌爲元關也辛陰金也陰金子上起長生墓于辰壬陽水也陽水申上起長生亦墓于辰此言水之左倒而歸辰庫者則會成申子辰陽水局水之右倒而歸辰庫者則會成子申辰陰金局同以辰爲元關也庚陽金也巳上起長生墓于丑丁陰火也酉上起長生亦墓于丑此

言水之左倒而歸丑庫者則會成已酉丑陽金局水之右倒而歸丑庫者則會成酉已丑陰火局同以丑爲元關也甲陽木也陽木生于亥墓于未癸陰水也陰水生于卯亦墓于未此言水之左倒而趨未庫者則會成亥卯未陽木局水之右倒而趨未庫者則會成卯亥未陰水局皆以未爲元竅也然此止言局也止言辨水定局言辨水定局而立向之法卽在其中矣故以陽木之局而立陰水之向陽水之局而立陰金之向陰火之局而立陽金之向陰木之局而立陽

火之向之例名爲生旺互用元竅同歸天玉經
謂之地卦又謂之自庫主發福綿遠卽所云自
庫樂長春者是也陽木之局而立陰木之向陽
火之局而立陰火之向陰金之局而立陽金之
向陰水之局而立陽水之向之例名爲陰陽品
配夫婦同情天玉謂之天卦又謂之借庫主速
發而易退卽所云借庫先富後貧是也至若流
神向首各相反悖則成殺人黃泉如水流未庫
陽木陰水局也若立陽金陰火之向則未乃向
首冠帶之方逢水流破必殺少丁卽庚丁坤上

是黃泉之向也又若四庫之地有水到堂合得向首胎養冠帶入局名救人黃泉立發財祿不可不知也大抵黃泉立法與四大局相爲表裏如庚丁陽金陰火之局水神歸丑則生旺聚靈而發福若水神不歸丑庫而反歸對冲未坤之地則成殺人黃泉未上冠帶水宜來也丑上墓庫水宜去也反此卽成殺人黃泉舉一可反三隅要之來水從局內向首養方冠帶者名救貧黃泉從本局向首墓地者名殺人黃泉去水從局內向首墓位者名救人黃泉從本局向首冠

帶者名殺人黃泉救人黃泉四大局內冠帶養水朝堂流歸墓庫也殺人黃泉四大局內墓水朝堂反冲冠帶也世人不知其說求黃泉于八干四維之中噫誤矣

安居金鏡卷四

周　南梅堂甫
胡作楝青圃甫　仝輯

吳永年巽嶼甫鑒定
金應鵠運蒼甫參閱

薛　儁理齋甫
陸　煌檀甫甫　仝較

八卦九宮探原窮本論

太極圖

此圖陰變陽合而生水火木金土也列于圖之左純陽性動乾道成男列于圖之右純陰性靜坤道成女分陰分陽而實互爲其根由是一變生水而六化成之二化生火而七變成之三變生木而八化成之四化生金而九變成之五變生土而十化成之五氣順布四時行焉合而言之統體一太極也分而言之各具一太極也能叅動靜之機八宅思過半矣

五行相生情應

金匱經曰二氣交會立五行焉其位水北火南木東金西土中循環無端故金化而水生水流而木榮木動而火明火炎而土平土積而金成此五行相生之情遞相受也如金生水其吉必應于申酉年月水生木其吉應于亥子年月木生火其吉應于寅卯年月火生土其吉應于巳午年月土生金其吉應于辰戌丑未年月也

五行相尅情應

金匱經曰五行各有相惡故金入火而銷洋火入水而滅亡水遇土而不行土得木而腫瘡木逢金而折傷此五行相尅之情遞相惡也如金尅木其凶應于申酉年月木尅土其凶應于寅卯年月土尅水其凶應于辰戌丑未年月水尅火其凶應于亥子年月火尅金其凶應于巳午年年月也

五行相生圖

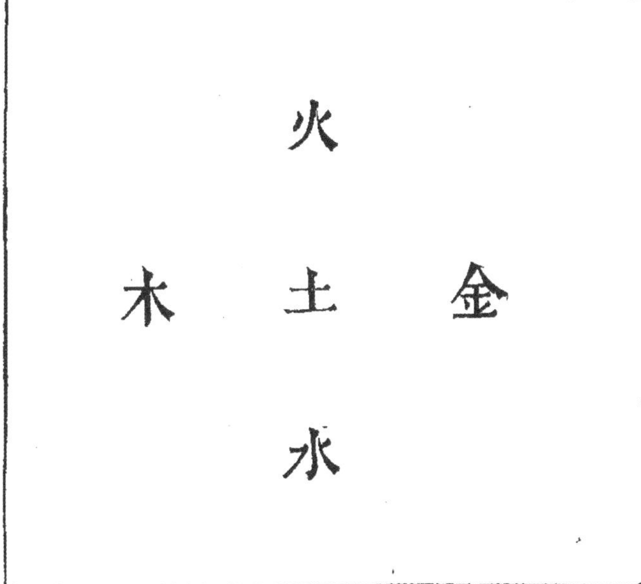

水北　火南　木東

金西　土中

水一　火二　木三

金四　土五

五行既位由是四時八卦六十四卦變化無窮而萬物備八宅特小數耳

河圖

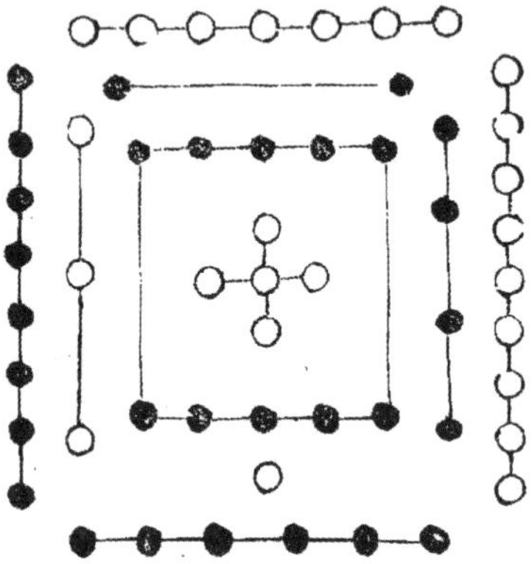

河圖方位一六居下二七居上三八居左四九居右五十居中其數繫詞曰天一地二天三地四天五地六天七地八天九地十天數五地數五五位相得而各有合天數二十有五地數三十凡天地之數五十有五此所以成變化而行鬼神也

洛書

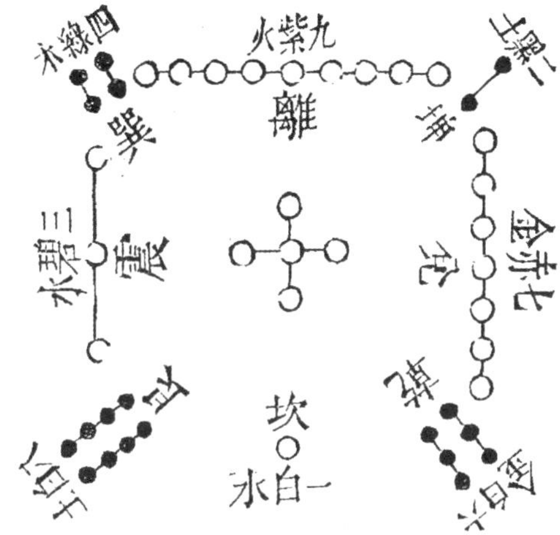

洛書方位戴九履一左三右七二四爲肩六八爲足此圖一水坎居下北九火離居上南三木震居左東七金兑居右西二土坤居西南四木巽居東南六金乾居西北八土艮居東北實文王後天作易之本原而後世陰陽家講九星皆宗洛書蓋八卦之五土寄於坤艮而九星兼數五黄故土之數有三也

伏羲八卦方位

乾南坤北離東坎西震東北兌東南巽西南艮西北此伏羲八卦方位所謂先天之學也傳曰天地定位山澤通氣雷風相薄水火不相射八卦相錯自乾至震從左數所謂數往者順自巽至坤從右數所謂知來者逆也

文王八卦方位

離南坎北震東兌西巽東南艮東北坤西南乾西
北此文王八卦方位所謂後天之學也傳曰帝出
乎震齊乎巽相見乎離致役乎坤悅言乎兌戰乎
乾勞乎坎成言乎艮此圖水火各一卦金木土各
二卦五行相生義主流行彼此相尅義兼反對而
八卦九星若相符合實萬世不易之常道也

文王八卦方位論

邵子曰至哉文王之作易也其得天地之用乎故乾坤交而爲泰坎離交而爲既濟也乾生于子坤生于午坎終于寅離終于申以應天之時也置乾于西北退坤于西南長子用事而長女代母坎離得位兌艮爲耦以應地之方也

按八宅宗文王八卦九宫宗洛書方位而文王八卦實本洛書與河圖相爲表裏葢伏羲先天八卦以對待言文王後天八卦以流行言亦相爲表裏先天以應天之時後天以應地之方此

論實盡天地之秘奥後世講陽宅講陰基及星命卜筮之說俱本諸此

伏羲八卦次序圖

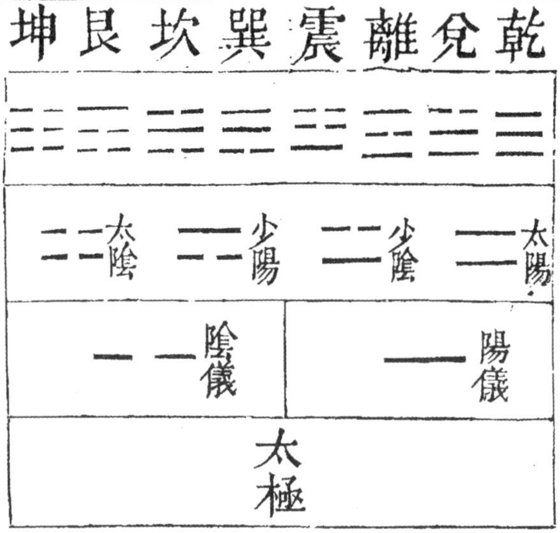

太陽生乾兌二卦少陰生離震二卦少陽生巽坎二卦太陰生艮坤二卦先爲一畫以分陰陽太極生兩儀次爲二畫以分太少兩儀生四象次爲三畫而三才始備八卦相交成六十四卦

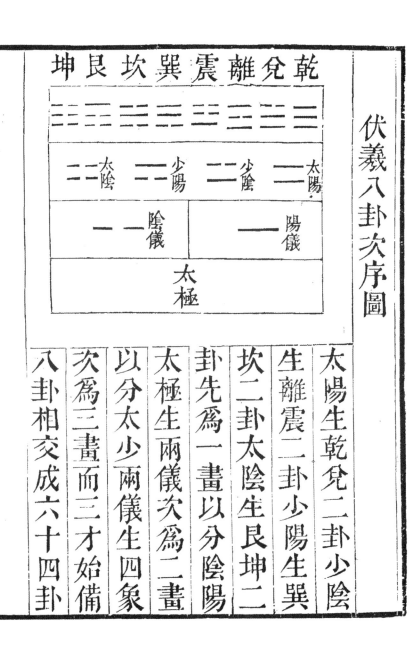

文王八卦次序圖

乾父 ☰

坤母 ☷

☳ ☵ ☶ ☴ ☲ ☱

震爲長男得乾初爻

坎爲中男得乾中爻

艮爲少男得乾上爻

巽爲長女得坤初爻

離爲中女得坤中爻

兌爲少女得坤上爻

八卦中坎離震巽（一九三四）爲東四宅少陰少陽之所生也中長配合而成家之義也乾坤艮兌（六二八七）爲西四宅太陰太陽之所生也老少配合而成家之義也

男女命一九三四宮即東四命宜居東四宅

男女命六二八七宮即西四命宜居西四宅

東西宅訣

震巽坎離是一家　西四宅爻莫犯他

若還一氣修成象　子孫興盛定榮華

西四宅訣

乾坤艮兌四宅同　東四卦爻不可逢
誤將他卦裝一屋　人口傷亡禍必重

辰南戌北斜分一界之圖

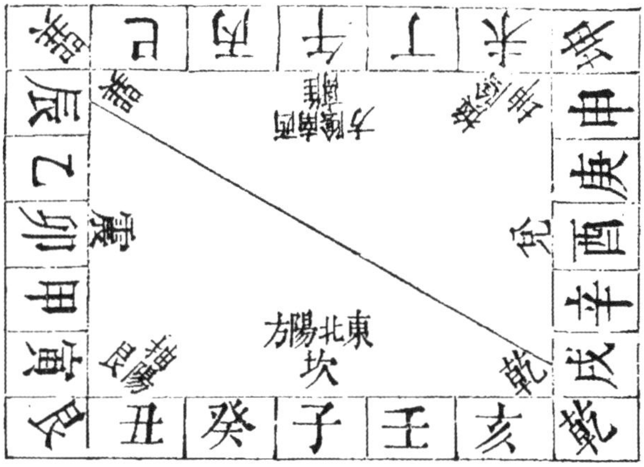

此陰陽東西乃二十四位之東西分陰陽也陰陽卦即兩儀所生之陰陽卦也非遊年東西之謂

先天六十四卦配二十四氣圖

先天六十四卦配二十四節氣圖說

伏羲由八卦而成六十四卦因取大橫圖規而圓之其次序則由乾而夬而大有陽從左旋而終于復由坤而剝而比亦左旋而終于姤此陽順而陰逆也由坤生復自復至乾由乾生姤自姤至坤則右轉是陰順而陽逆也以所值天時從邵子之子半推之復爲冬至子之半則頤屯益爲小寒丑初至乾交夏至午之半焉此三十二卦爲陽儀所生皆進而得夬乾兌離震已生之卦也於位爲東南于時爲春夏故多陽多剛多動多吉而月則復臨

泰大壯夬其序亦不易焉姤爲夏至午之半則大
過鼎恒爲小暑未初至坤交冬至子之半焉此三
十二卦爲陰儀所生皆退而得夫巽坎艮坤未生
之卦也于位爲西北于時爲秋冬故多陰多柔多
靜多凶而月則姤遯否觀剝其序亦不易焉此伏
羲之畫爲天地自然之象宅之禍福由此八卦互
相變動雜揉莫測故凡立八宅者布卦分爻東西
往來南北移徙須審氣候陰陽順逆非至精至神
孰能盡其藴奥圖中分至四立各統二卦餘氣各
統三卦合爲六十四卦此卦配四時之氣五行之

序也火庵之説實本諸此火庵即太極也

後天六十四卦配合六律六呂圖

後天六十四卦配律呂圖說

後天立卦本受諸先天之圖也一卦有伏有參如乾姤遯否觀剝晉大有而復變乾則天之氣盡矣如坎節屯旣濟革豐明夷師而復變坎則水之氣盡矣如艮賁大畜損睽履中孚漸而復變艮則山之氣盡矣如震豫解恒升井大過隨而復變震則雷之氣盡矣如巽小畜家人益无妄噬嗑頤蠱而復變巽則風之氣盡矣如離旅鼎未濟蒙渙訟同人而復變離則火之氣盡矣如坤復臨泰大壯夬需比而復變坤則地之氣盡矣如兌困萃咸蹇謙

小過歸妹而復變兌則澤之氣盡矣八卦八變則天地風雷水火山澤之氣皆無餘蘊矣而宅之成敗亦存乎五行相變之氣如乾宅五行屬金四陽六宮之位其氣止有四十年坎宅五行屬水一宮三陽之位其氣止有二十九年艮宅五行屬土八宮五陽之位其氣止有三十三年震宅五行屬木三宮二陽之位其氣止有三十一年巽宅五行屬木四宮四陰之位其氣止有三十五年離宅五行屬火九宮三陰之位其氣止有三十四年坤宅五行屬土二宮五陰之位其氣止有二十九年兌宅

五行屬金七宮二陰之位其氣止有三十六年皆是五行順布數出自然非牽合附會之説也故其氣盡則其宅凶其氣餘則其宅吉故曰無形之中而具有形之實有形之實而體無形之妙智者於此當有權挕造化之術改奪天地之機轉禍爲福誰曰妄言而不加之意乎生旺休囚全主乎氣苟知氣象之源是爲宅之宗旨自四象而合八卦則宅之方位已定自八卦而配九星則生尅之理斯行是不有定位莫知陰陽不有生尅莫知禍福聖人復起不易吾言

陽宅九宮圖

紫九	黃五	赤七
白八	白一	碧三
綠四	白六	黑二

一白水

二黑土

三碧木

四綠木

五黃土

六白金

七赤金

八白土

九紫火

野馬跳澗法

中宮飛出乾　却與兌相連　艮離尋坎位

坤震巽宮連

此圖一白入中宮

餘圖倣此類推

五行長生掌訣

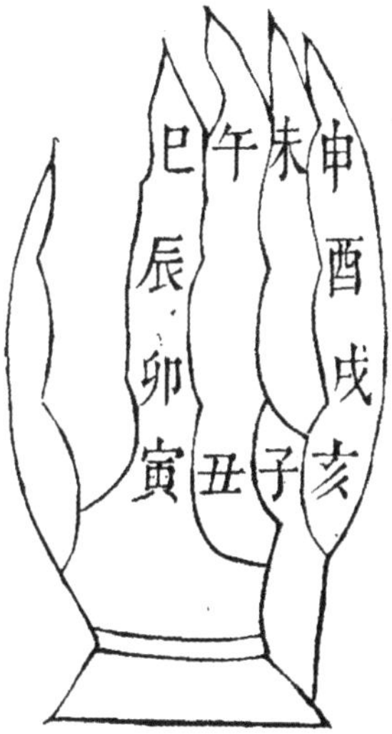

一定數法陽順陰逆

長生　沐浴　冠帶　臨官

帝旺　衰　病　死

墓　絕　胎　養

甲木長生在亥　乙木長生在午

丙火長生在寅　丁火長生在酉

庚金長生在巳　辛金長生在子

壬水長生在申　癸水長生在卯

唯庚午辛未庚子辛丑之土長生于申

丙戌丁亥丙辰丁巳之土長生于丑

戊寅己卯戊申己酉之土長生于寅

俱順行

羅盤二十四山圖

八卦四正四隅一卦管三山

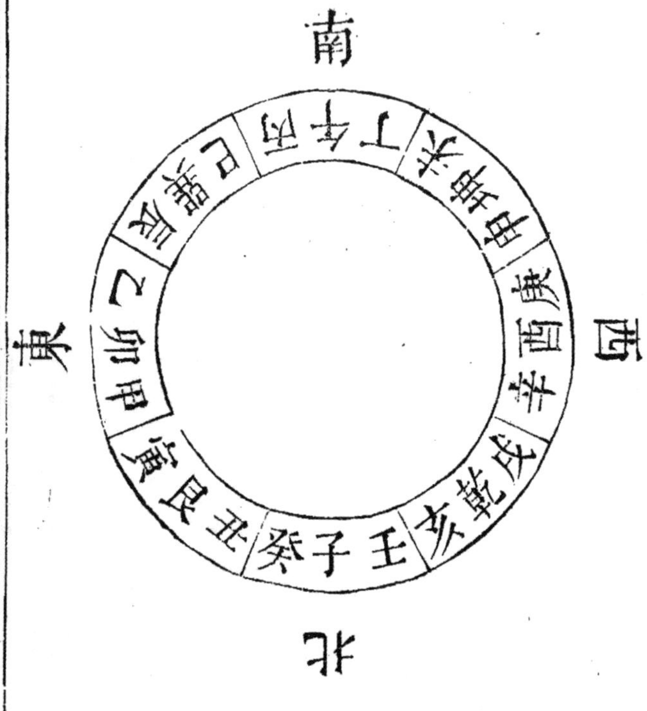

羅盤背面八卦方圖

乾	六坎	天艮	五震	禍巽	絕離	延坤	生兌
坎	五艮	天震	生巽	延離	絕坤	禍兌	六乾
艮	六震	絕巽	禍離	生坤	延兌	天乾	五坎
震	延巽	生離	禍坤	絕兌	五乾	天坎	六艮
巽	天離	五坤	六兌	禍乾	生坎	絕艮	延震
離	六坤	五兌	絕乾	延坎	禍艮	生震	天巽
坤	天兌	延乾	絕坎	生艮	禍震	五巽	六離
兌	生乾	禍坎	延艮	絕震	六巽	五離	天坤

八卦坐山是伏位從左順數伏位之後如乾宮次六煞次天醫次五鬼次禍害次絕命次延年次生炁餘宮倣此此即所謂游年歌也

第一變凡卦變自上而下七變而止

生炁圖

貪狼震木

巽五☴　坎六☵　艮七☶

乾一☰　一變上爻　坤八☷

兌二☱　離三☲　震四☳

變上一爻爲生炁生比自然最吉乾變兌兌變乾
離變震震變離之類皆生炁也皆生比也皆自然
也乾兌離震數往者順巽坎艮坤知來者逆而一
二三四五六七八皆自然之數也帝出乎震生炁
資始其星純吉無凶臨在坎離震巽爲得位吉在
乾兌爲內尅凶在坤艮爲外戰滅吉生炁吉應亥
卯未年月求財求子宜作生炁吉

第二變

五鬼圖

廉貞離火

上二爻變

爻變上二爲五鬼五鬼最毒位位相尅　隨位發
昂頭卽應五鬼之神西四乾金尅東四震木東四
巽木尅西四坤土西四艮土尅東四坎水東四離
火尅西四兌金四道牴牾相刃相靡由二煞所致
也
五鬼凶應在寅午戌年月官訟口舌因作五鬼灶

第三變

延年圖

武曲乾金

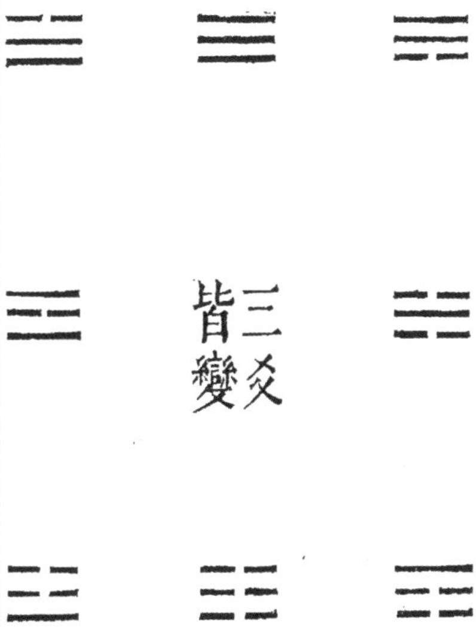

三爻皆變爲延年未必皆生吉又次之乾變坤坤變乾艮變兌兌變艮皆延年也相生也若坎離互變則水火相尅雖是夫婦終有損故云未必皆生

此圖天地定位山澤通氣雷風相薄水火不相射乾爻配坤母三男配三女三女配三男此延年者陰陽相配未若天醫純是相生之義故其吉又次之臨在乾兌艮坤爲得位在離爲内尅凶在震巽爲外戰滅吉

延年吉應在巳酉丑年月却病增壽宜作延年灶

第四變

六煞圖

文曲坎水

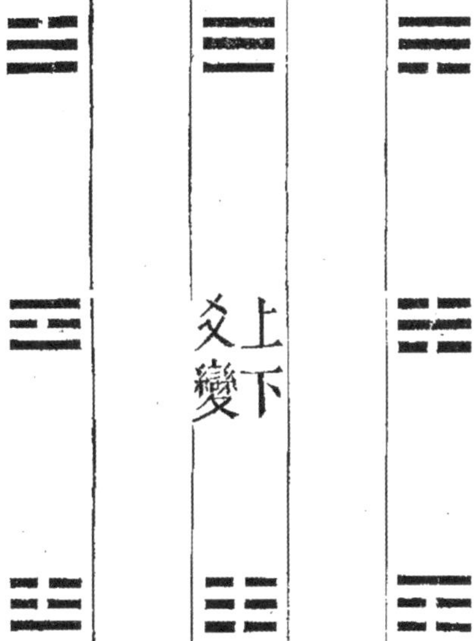

上下皆變文曲六煞生尅相淆晏笑戈甲乾坎離坤六煞相生巽兌艮震六煞相尅故曰相淆六煞相尅雖與禍害相等而卦不同乃西兌金尅東巽木東震木尅西艮土東離火生西坤土西乾金生東坎水蓋生理不順反來盜敗遂至禍生讒佞故次凶

六煞凶應在申子辰年月　耗散盜脫因作六煞灶

第五變

禍害圖

祿存坤土

☴　☵　☶

☰　下一爻變　☷

☱　☲　☳

變下一爻爲禍害有生有尅是爲次凶乾巽震坤尅也坎兌離艮生也　禍害有生有尅尅者固凶生者亦凶何也如震尅坤乾尅巽東西相尅其理易見至離生艮兌生坎其理難知故曰火生于木禍發必速由恩生于害害生于恩　禍害凶應在申子辰年月爭鬭仇讐因作禍害灶

第六變

天醫圖

巨門艮土

☴　☲　☶

☰　變下二爻　☷

☱　☵　☳

變下二爻爲天醫未必自然吉故次之乾變艮艮
變乾兌變坤坤變兌皆天醫也生比也然乾一與
艮七爲天醫非若乾一卽變兌二之自然故曰未
必自然吉　天醫雖五行有相生之義不若生炁
渾淪而無迹故爲次吉之星臨在乾兌艮坤離爲
得位吉在震巽爲内尅凶在坎爲外戰滅吉天醫
吉應在申子辰年月禳病除災作天醫灶

第七變

絶命圖

破軍兌金

☴

☵

☶

☰

變中一爻

☷

☱

☲

☳

爻變中二爲絕命東西上下合着皆傷

絕命者至凶之神亦是先天剋制而生東四離火剋西四乾金西四兌金剋東四震木西四坤土剋東四坎水東四巽木剋西四艮土仇讐相剋不絕不休　絕命凶應在巳酉丑月分年分上　疾病死亡因作絕命灶

第八變

伏位圖

輔弼巽木

☴　☵　☶

☰　三爻皆伏　☷

☱　☲　☳

三爻不變爲伏位安靜無爲可進可退乾遇乾坤
遇坤卦卦比和所爲如意
伏位吉應在亥卯未年月求爲如意宜作伏位灶

考變說

老陰老陽所以變者無他到極處了无去處便只得變九上更去不得只得變回來做八六下便是五生數了也去不得所以却做七

上元中元下元

上元甲子自康熙二十三年甲子起至乾隆八年癸亥止

中元甲子自乾隆九年甲子起至乾隆六十八年癸亥止

下元甲子自乾隆六十九年甲子起至乾隆一百二十八年癸亥止

八卦三元九宮九星圖

四綠木 中元巽 輔弼星 伏位	九紫火 下元離 五鬼 廉貞星	二黑土 上元坤 祿存星 禍害
三碧木 上元震 貪狼星 生炁	中央土 中元 五黃 無星	七赤金 下元兌 破軍星 絕命
八白土 下元艮 巨門星 天醫	一白水 上元坎 六煞 文曲星	六白金 中元乾 武曲星 延年

此圖以洛書九宮爲序坎一坤二震三巽四中五乾六兌七艮八離九一二三爲上元四五六爲中元七八九爲下元此三元之序也坎爲一白坤爲二黑震爲三碧巽爲四綠中爲五黃乾爲六白兌爲七赤艮爲八白離爲九紫此紫白之序也坎爲六煞文曲水坤爲禍害祿存土震爲生炁貪狼木巽爲伏位輔弼木五中黃無星乾爲延年武曲金兌爲絕命破軍金艮爲天醫巨門土離爲五鬼廉貞火此巒頭五星五行本宮之定位也其變爻相配另具圖於後

三元命卦配灶訣

如天啟四年甲子係下元男起兌宮爲兌命逆行乙丑生屬乾命丙寅屬中寄坤是坤命丁卯巽戊辰震己巳坤庚午坎辛未離壬申艮癸酉又屬兌以九宮逆行六十年女命順輪九宮今康熙二十三年甲子又爲上元

如上元甲子生男起坎一宮坎命逆行乙丑生離命丙寅是艮命中元甲子生男起巽四宮巽命乙丑生是震命丙寅生是坤命下元甲子生男起兌七宮兌命乙丑生是乾命丙寅生是中五寄坤二

爲坤命上元甲子生女起中五

如上元甲子生女起中五寄八爲艮命順行乙丑生乾命丙寅生兌命中元甲子生女起坤二宮坤命乙丑生震命丙寅生巽命下元甲子生女起艮宮是艮命乙丑生離命丙寅生坎命餘倣此

上元男命入中宮寄坤宮

己巳　戊寅　丁亥　丙申　乙巳　甲寅

癸亥

中元男命入中宮寄坤宮

壬申　辛巳　庚寅　己亥　戊申　丁巳

下元男命入中宮寄坤宮

丙寅　乙亥　甲申　癸巳　壬寅　辛亥

庚申

上元女命入中宮寄艮宮

甲子　癸酉　壬午　辛卯　庚子　己酉

戊午

中元女命入中宮寄艮宮

丁卯　丙子　乙酉　甲午　癸卯　壬子

辛酉

下元女命入中宮寄艮宮

庚午　己卯　戊子　丁酉　丙午　乙卯

假如上元丁卯生女卽艮宮生人以艮命起大游年艮卽伏位次六煞絕命禍害生炁延年天醫五鬼此西四命看灶口卽火門也向西四吉若向東四凶

乾坤艮兌爲西四命坎離震巽爲東四命以大遊年搖鞭賦斷吉凶灶坐方位宜壓本命之絕六禍五方然亦不宜犯其宅其年之都天五黃故催財宜向生炁而坤艮二命五黃在坤艮生炁亦在坤艮因五黃同在坤艮不宜向向則有災催丁則灶

口宜向伏位侯其年天乙貴人到命必生子極驗
天乙貴人即坤也如上元甲子逆輪庚辰男年三
碧值即以三碧入中四乾五兌六艮七離八坎九
坤一震若巽命人伏位灶即天乙坤到命宮也餘
倣此作灶日用紫白遁得生炁到火門催財亦驗
六十日應

九宮命宅三元排掌之圖

乾六 下元乙丑生男 上元乙丑生女

兌七 下元甲子生男起

艮八 下元甲子生女起

離九 上元乙丑生男 下元乙丑生女

中五 上元甲子生女起

女 男 寄

巽四 中元甲子生男起

震三 中元乙丑生男生女同

坤二 中元甲子生女起

坎一 上元甲子生男起

數法歌訣

一四七宮男逆佈　五二八宮女順推

男五寄坤女寄艮　甲子周輪本命尋

其法先算定上中下三元甲子由甲子一旬至甲戌二旬至甲申三旬至甲午四旬至甲辰五旬至甲寅男逆女順數至生年本命則無誤矣　如數至六旬仍甲子起

九星分屬

坎宮 一白一宮貪狼天尊星正北方屬水舊文曲

坤宮 二黑二宮巨門地福星西南方屬土舊祿存

震宮 三碧三宮祿存天罡星正東方屬木舊貪狼

巽宮 四綠四宮文曲地計星東南方屬木舊輔弼無專星

中宮 五黃五宮巡羅五鬼廉貞星居中央舊五黃無星

乾宮 六白六宮武曲地尊星西北方屬金舊武曲

兌宮 七赤七宮破軍天計星正西方屬金舊破軍

艮宮　八白八宮左輔明龍星東北方屬土舊巨門

離宮　九紫九宮右弼應龍星正南方屬火舊廉貞

丙午丁

巳 巽 辰 四綠木文曲	離 九紫火右弼	未 坤 申 二黑土巨門
乙 震 卯 甲 三碧木祿存	五黃土廉貞	庚 兌 酉 辛 七赤金破軍
寅 艮 丑 八白土左輔	壬 坎 子 癸 一白水貪狼	戌 乾 亥 六白金武曲

據寶海云此星卦照洛書後天方位一定不移者第因各山飛動變遷吉凶不一故取弔白鈎元窮山川之變態耳非有所添設也營墳造宅各具圖于後

坎宅弔白圖

坤宅弔白圖

三碧木
三房
長艱次平

皇龍方

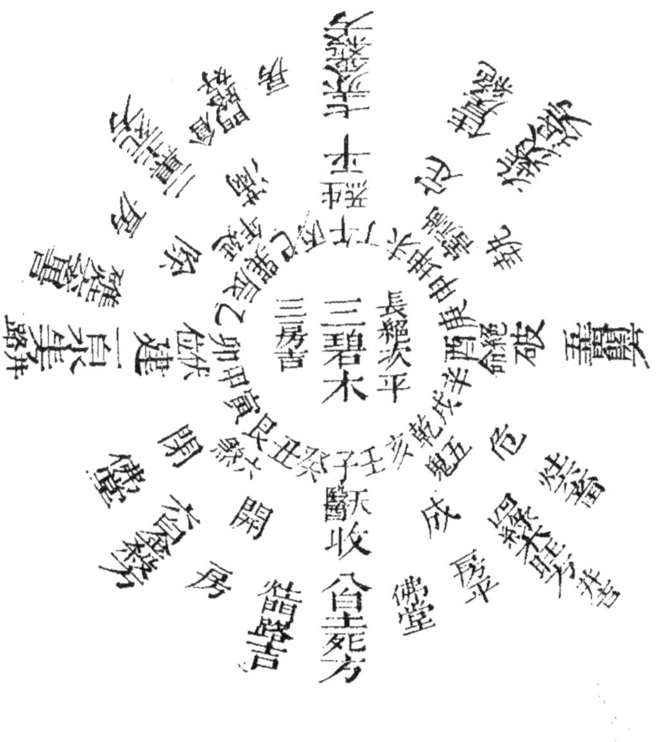

巽宅弔白圖

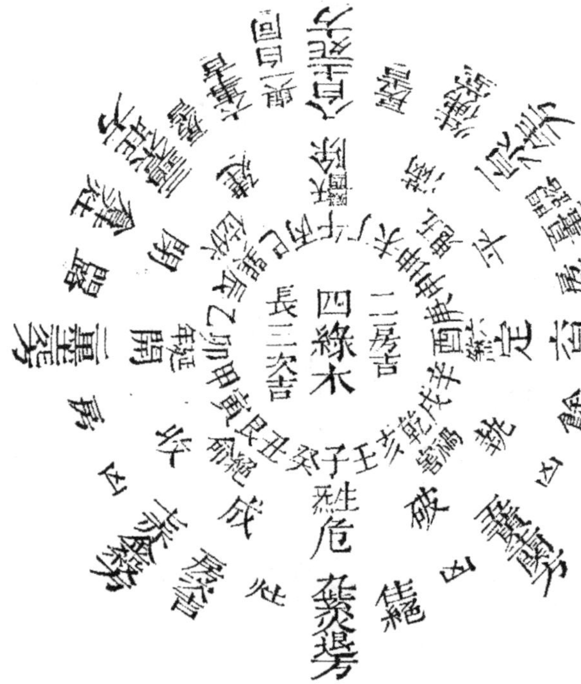

中宮弔白圖

乾宅弔白圖

兌宅弔白圖

艮宅弔白圖

離宅弔白圖

坎山

此方宜高山大水吉　此方山水宜平伏　此方山水平好高大凶

坤　七赤金生方　兌　三碧木退方　乾　二黑土殺方

水不宜入金宮　壬

此方山水宜低平吉　此方山高水大朝迎吉

離　五黃土殺方關方　中　一白水入中宮　坎　六白金生方　子

此方山高水來吉　此方山低水繞吉　此方山平水繞吉　癸

巽　九紫火死氣方　震　八白土殺方　艮　四綠木退方

水去　山陷凶　高壓冲射凶　高大冲射凶

坤山

坤　八白土旺方　此方山水高大吉　兌　四綠木殺方　此方山水平伏宜　乾　三碧木殺方　山水宜平伏

未

離　六白金退方　此方山水高大吉　中　二黑土入中宮　坎　七赤金退方　山水宜高大　坤

申

巽　一白水死方　此方山水元秀朝迎吉　震　九紫火生方　此方山水高大吉　艮　五黃土關方　山水宜平伏

震山

坤 九紫火退方（山水宜平伏） 兌 五黃土死方（山水宜低平） 乾 四綠木旺方（山水聳秀吉） 甲

離 七赤金殺方（山水平伏環抱） 中 三碧入中宮 坎 八白土死方（山水高大吉） 卯

巽 二黑土死方（山峰元厚吉） 震 一白水生方（山元水繞吉） 艮 六白金殺方（山平水繞吉） 乙

巽山

辰

坤一白水生方（山閫水纏吉）兌六白金殺方（山水宜平伏）乾五黃土關方（山水宜平伏）

離八白土死方（山水元秀吉）中四綠木入中宮坎九紫火退方（山水宜平伏）巽

巳

巽三碧木旺方（山高水大吉）震二黑土死方（山水元厚吉）艮七赤金殺方（山水宜低平）

中宮

坤 二黑土旺方 山水朝迎吉 兌 七赤金退方 山水冲激凶 乾 六白金退方 山秀水麗吉

離 九紫火生方 中 五黃土入中宮 坎 一白水死方 山水朝迎吉

巽 四綠木殺方 山水冲壓凶 震 三碧木殺方 山壓水冲凶 艮 八白土旺方 山水朝迎吉

乾山

山水朝迎吉　山水冲激凶　山水朝迎吉

坤　三碧木死方　兌　八白土生方　乾　七赤金旺方

山峰朝迎吉

戌

山高水朝吉低凶　利未申酉年　山水朝迎吉冲射凶

離　一白水退方　中　六白金入中宮　坎　二黑土生方　乾

忌丑寅年

亥

山水冲壓凶　山水高壓冲射凶　山水朝迎吉

巽　五黃土凶方　震　四綠木死方　艮　九紫火殺方

元秀朝迎吉　宜橫案低平

兌山

坤 四綠木死方（山水元秀吉） 兌 九紫火殺方（山水宜平伏） 乾 八白土生方（山水高昂拱顧吉）

庚

離 二黑土生方（山高水大吉） 中 七赤金入中宮 坎 三碧木死方（山水宜平伏） 酉

巽 六白金旺方（山水元秀朝拱吉） 震 五黃土凶方（山水宜平伏） 艮 一白水退方（山水高大元秀吉）

辛

艮山

坤 五黃土關方 山水橫伏作案吉 兌 一白水死方 山水元秀吉低陷凶 乾 九紫火生方 山水元厚朝拱吉低陷凶 丑

離 三碧木殺方 山低平水圍繞吉 中 八白土入中宮 坎 四綠木殺方 山水宜平伏 艮

巽 七赤金退方 山元秀水朝迎吉 震 六白金退方 山水高厚吉 艮 二黑土旺方 山水高秀吉 寅

離山

坤　六白金死方（山水元秀朝顧吉）　兌　二黑土退方（山水宜平伏）　乾　一白水殺方（山水宜平伏）

丙

離　四綠木生方（山水高大圍繞吉）　中　九紫火入中宮　坎　五黃土關方（山水平伏作案吉）

午

丁

巽　八白土退方（山水高大朝迎吉）　震　七赤金死方（山水元秀吉）　艮　三碧木生方（山水高大朝迎吉）

乾宅

火菴丙受氣壬爲泰泰之初爻

金	西舍	⚋
土	坤舍	⚋
火	南舍	⚋
木	東舍	⚊
水	北舍	⚊ 首陽
	火菴	⚊

地天泰卦

乾宅宜開坤門取地天配成泰卦但老父老母鮮能生育須于兌上開一便門取老陽配少陰則成生育之功矣九星武曲主事巨門穿宮土金相生主富貴旺人丁大利便門開艮方亦吉

戌乾亥宅圖

震	巽	離
艮	武曲入中宮	坤大門
坎	乾	兌便門

坤宅

火菴癸受氣丁爲否之初爻

天地否卦

爻	
⚊	東舍
⚊	北舍
⚊	乾舍
⚋	西舍
⚋ 首陽	南舍
⚋	火菴

坤宅宜乾門取天地配成否卦無嫌否之名也主夫婦百年便門宜坤九星武曲金星穿宮土金相生財帛豐盈大吉

未坤申宅圖

坎	艮	震
乾 大門		巽
兌	坤 便門	離

艮宅

火巷乙受氣辛爲咸之初爻

澤山咸卦

- -　南舍
---　東舍
---　艮舍
---　北舍
- -　西舍　首陰
- -　火巷

艮宅宜大門在兌方艮少男兌少女夫婦配合之正也坤門純土乾門純陽少生育便門宜艮九星巨門主事武曲穿宫內外宫星金土相生人財官貴俱旺爲全吉之宅

丑艮寅宅圖

離	坤	兌大門
巽		乾
震	艮便門	坎

兌宅

火巷庚受氣甲爲損之初爻

艮舍	⚊
酉舍	⚋
坤舍	⚋
南舍	⚋
東舍	⚊ 首陽
火巷	⚊

山澤損卦

兌宅宜開艮門取男正位乎外女正位乎內有家之大義也便門宜坤土生金也但純陰不若便門開在乾位得乾生氣陰陽比和爲全吉九星巨門穿宮武曲主事金土相生比助大發富貴矣

庚兌辛宅圖

艮 大門	震	巽
坎		離
乾	兌	坤 便門

坎宅

火菴甲受氣庚爲渙之初爻

風水渙卦

⚊ 北舍
⚊ 乾舍
⚋ 巽舍
⚋ 南舍
⚊ 首陽 東舍
⚋ 火菴

坎宅宜開巽門卽風行水上之義也水能生木木星宮相生便門開在坎方九星貪狼木星穿宮極發富貴如巽不可開門開離天醫但內尅外水尅火不利陰人須開震巽便門洩水之氣生火之勢亦得康寧矣

壬子癸宅圖

巽 大門	離	坤
震		兌
艮	坎 便門	乾

離宅

火菴辛受氣乙爲豐之初爻

雷火豐卦

伏舍 ⚋
南舍 ⚋
東舍 ⚊
北舍 ⚊
西舍 ⚋ 首陽
火菴 ⚊

離宅宜開震門故其象爲豐便門宜仍在離九星貪狠木星主事穿宮爲星生宮門生坐大吉或不能開震門而開坎延年門則宮尅星不利陰人小口或起高樓尊星房洩坎氣生離火而開震巽便門則富貴康寧矣

丙午丁宅圖

乾	坎	艮
兌		主 震 大門
坤	離 便門	巽

震宅

火菴庚受氣甲為噬嗑之初爻

東舍　離門　北舍　西舍　南舍　火菴

火雷噬嗑卦

—
--
—
--
--　首陽
—

震宅宜開離門取木火相生之義故其象為噬嗑便門宜震則木氣主事星宮比和門又制向旺人丁財畜富貴皆至矣若坎巽便門互相得失酌而用之

甲卯乙宅圖

坤	兌	乾
離 大門		坎
巽	震 便門	艮

巽宅

火巷丙受氣丁爲井之初爻

水風井卦

西舍	⚋
艮舍	⚊
南舍	⚋
東舍	⚊
北舍	⚊ 首巷陽
火巷	⚋

巽宅宜開坎門故取象爲井便門宜在巽九星貪狼木主事文曲穿宮水木相生比旺大吉無不利

辰巽巳宅圖

兌	乾	坎 大門
坤		艮
離	巽 便門	震

坐宮分房論

夫坐宮分房者以本宅所坐主宮推各房方位也凡宅是単間卽以中間爲本坐如雙間則坐向在界縫之中矣假如坎宅三間中一間是本位坎坐左一間屬震右一間屬兌如五間東一間屬艮東二間屬震西一間屬乾西二間屬兌而坎坐亦居中矣若是雙間兩分左一間屬震右一間屬兌而坎在界縫之中矣如雙間四分則東一間屬艮東二間屬震西一間屬乾西二間屬兌而坎離亦在界縫之中矣凡本宮坐界縫則一宅無主禍福往

往不驗如不得已而用四間惟坎宅三間之外另附一部則四屬金金生水亦可餘類推

動靜變化圖說

易分陰陽宅分動靜靜宅少育動宅多生動則變變則化自然之理也如宅止一層名靜宅有三四五層者名動宅有六層七層者名變宅有八九層者名化宅靜宅唯以主星飛到大門不用穿宮之法（大門通便門曰穿宮）以斷吉凶動宅如坐坎開離門用本宅大游年歌順至離上是延年至正門對向而止頭層是武曲金二層文曲水三層貪狼木四層廉貞火五層祿存土此宅宜第三層木星高大主事則吉變宅如乾宅巽門用大游年歌至正門對向

而止頭層卽祿存土二層破軍金三層文曲水四層貪狼木五層廉貞火六層巨門土七層武曲金此五行生盡則變是以廉貞火亦生巨門土巨門土亦生破軍金文曲水亦生左輔木故名變宅此宅宜六層七層高大則吉化宅用二土二金二木疊進唯水火单進再加右弼共成九曜以全星卦之用如坎宅巽門係九層房屋由傍門而入用大游年歌順飛遇正門而止頭層是天醫巨門土二層祿存土三層破軍金四層武曲金五層文曲水六層貪狼木七層左輔木八層廉貞火九層右弼

星右弼無專屬遇土化土遇木化木遇金化金隨類而化故曰化宅其疊進之先後當以到門游星爲主如延年先到五黃無星則先坎宮之武曲絕命先到則先破軍土木亦然餘以類推

坐坎開巽門靜宅圖

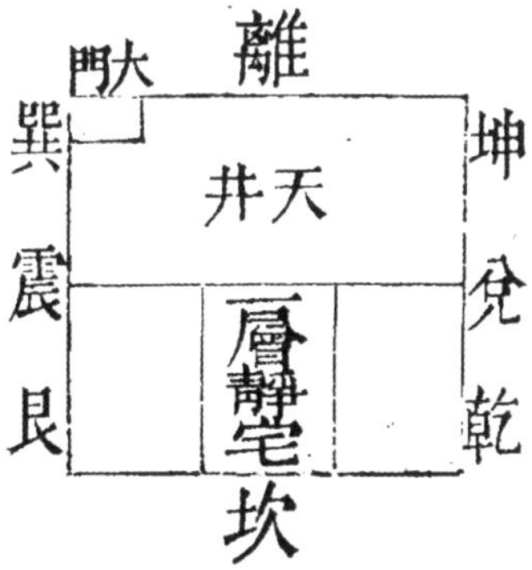

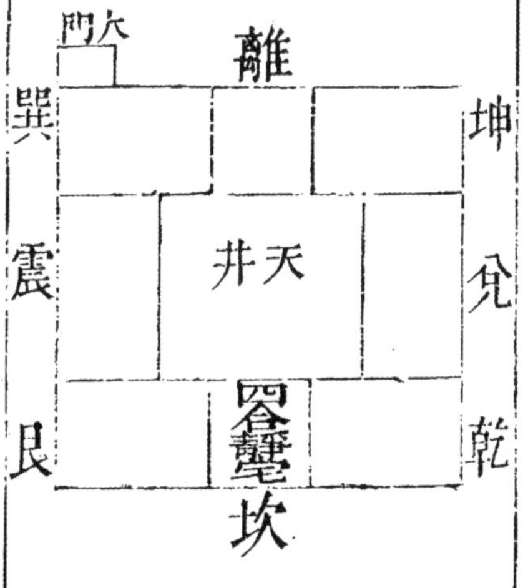

坐坎開離門五層動宅圖

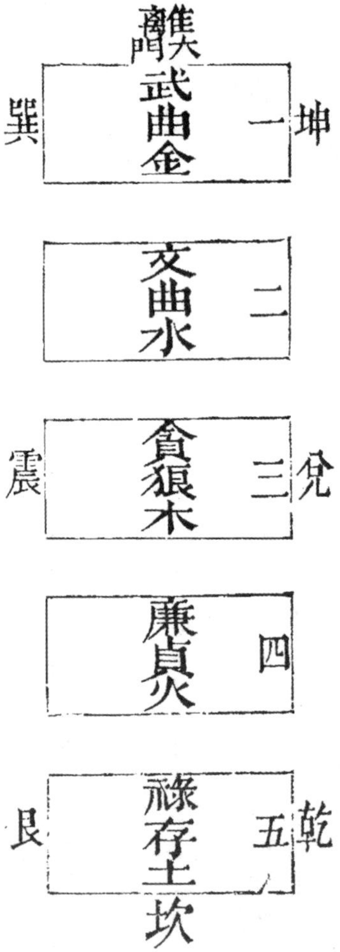

坐乾開巽門變宅圖

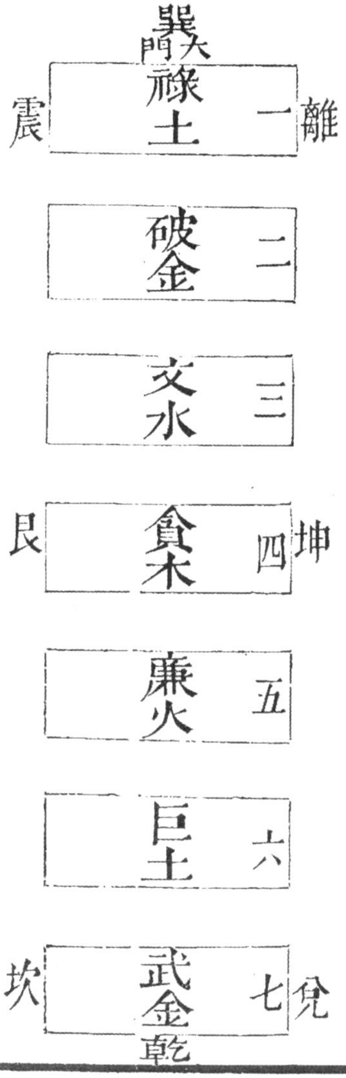

坐坎開巽門化宅

離　大門

坤	一	巨土	巽
	二	祿土	
	三	破金	
	四	武金	
兌	五	文水	震
	六	貪木	
	七	輔木	
	八	廉火	
乾	九	弼土	艮

坎

九星相生法

夫九星相生之法巨土生武金武金生文水文水生貪木貪木生廉火廉火生祿土祿土生破金破金生文水文水生貪木周而復始生生不息若巨門則不生破金廉火則不生巨門文曲則不生輔弼輔弼無生此穿宮之常法也

夫動宅自一至五而盡用五行生進變宅自一至七而止用七曜重進化宅自一至九而終用九星疊進此竹節貫井法也七曜不用五黃輔弼以五黃無星而輔弼無專星也至用九星則以左輔爲

木右弼爲土合成九曜然庶民至五行而止公卿

七曜全矣

火菴圖說

火菴卽太極也八宅陰陽卦象皆從此出凡修造不立火菴是無根冷氣之宅居則凶多吉少菴之遠近卽易之四象老陰老陽配耦所積之數也陽主進從少至多則七爲少而九爲老矣陰主退從多至少則八爲少而六爲老矣少陽七數得二十八策少陰八數得三十二策合爲六十也老陽九數得三十六策老陰六數得二十四策合爲六十也總計一百二十乃盡其數陽以七減至四步盡矣陰以八減至四步盡矣八宅配卦之法初爻是

火巷二爻是首舍如修造不合本宅吉路只折去
首舍或陰改陽陽改陰自然合法外象不合亦同
乾卦抽换

乾卦抽爻換象圖

元泰卦

爻	五行	舍
- -	金	西舍
- -	土	坤舍
- -	火	南舍
——	木	東舍
——	水	北舍
——		火菴

變益卦

爻	五行	舍
——	木	東舍
——	水	北舍
- -	金	西舍
- -	土	坤舍
- -	火	南舍
——		火菴

變節卦

爻	五行	舍
- -	金	西舍
——	水	北舍
- -	土	坤舍
- -	火	南舍
——	木	東舍
——		火菴

抽爻換象圖說

夫抽爻換象皆本於一卦故曰八卦分列象在其中矣因而重之爻在其中矣所謂爻者效天下之動者也每觀宅凶而脩凶位常有吉兆有宅吉而脩吉位反遭凶殃葢因不明抽換變化比和以致災福乖戾無所適從今立此圖庶幾一目了然然八卦初爻是火巷二爻是首舍如乾宅內外火路脩布成坤上乾下地天泰卦大吉之宅若先造北舍東舍又重抽換脩成巽上震下風雷益卦雖內外爻象比和却與祖乾不比乃不利之宅又先造

北舍西舍重脩抽換成坎上兌下是水澤節卦不唯內外不比亦與祖乾不比乃大凶之宅餘皆倣此

分房移徙圖

乾四陽
乾上元
戌中元
亥下元
坎三陽
子上元
壬中元
癸下元
艮五陽
艮上元
丑中元
寅下元
卯上元
甲中元
乙下元
兌二陰
酉上元
庚中元
辛下元
丙中元

分房移徙圖說

分房移徙是變其本宅各隨方位以定宅也如辰入戌巽入乾己入亥是四陽得四陰之氣也丙入壬午入子丁入癸是三陽得三陰之氣也未入丑申入寅坤入艮是五陽得五陰之氣也庚入甲酉入卯辛入乙是二陽得二陰之氣也如戌入辰乾入巽亥入巳是四陰得四陽之氣也壬入丙子入午癸入丁是三陰得三陽之氣也丑入未寅入甲艮入坤是五陰得五陽之氣也甲入庚卯入酉乙入辛是二陰得二陽之氣也乃名從陽入陰從陰

入陽爲陰陽和合主百事亨通若乃從陽入陽從
陰入陰爲陰陽乖錯百事不利五行要知生尅遷
移當審來路方施之有用應之如響也

巽　離　坤

震　中　兌

艮　坎　乾

子　虛　壬　亥　室　乾　壁　奎

癸　女　　　　　　　　　　　婁

丑　牛　艮　寅　　　甲　　　胃

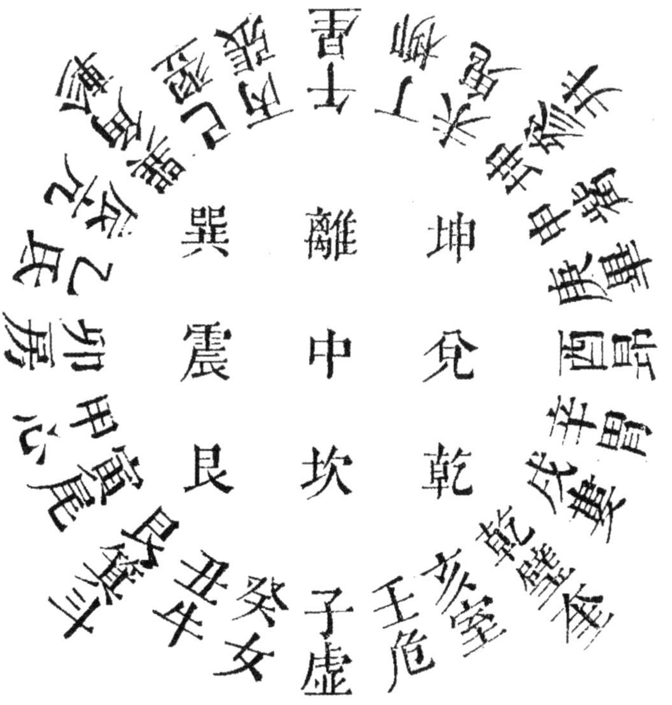

二十八宿臨宮圖說

分房之法前圖悉載此係星極之數東西亦有坎離南北亦有震兌四面八方皆可遷脩悉經秘理元難以測識今舉其節要以明之自巽宮起角逆行二十四位其四維各管二宿支干止管一宿周于四面乃爲七政若脩宅遷移竟以方宿直入中宮陽順陰逆數至本宅詳看生尅則其吉凶可知也假如離宅分得辛字將胃星直入中宮順飛到離見參宿參屬水離屬火是水水相尅不利如乾宅子年脩造將虛星直入中宮順飛到乾是危宿

危屬水乾屬金爲金水相生大吉如丑年脩造用
牛宿入中宮逆飛到乾見胃星胃屬土乾屬金爲
金土相生大利餘倣此推

八卦變宅即得四吉四凶方道

凡修造移徙迎婚送葬上官經營并行兵

擒賊依此行之吉凶極驗

生氣頻修動官職漸加昌舊官身未滿新職又平

章子孫皆和睦歲歲足牛羊家無殃禍擾富貴

樂高堂

五鬼連心痛牛羊又損傷失財無度數盜賊鬼侵

將官事相逢併時時有火光生烝不修禍陰人

小口亡

居宅修延年富貴日榮遷子孫多昌盛福祿又安

然終年無横事男女命長延婚姻聯貴族家道日常歡

六煞女先死連年有禍亡六畜頻傷損時時有火光田財多不遂官事是乖張萬事灾殃起家中又不祥

禍害妨人口妻女主横傷投河并落井疾病不離牀風狂又聾啞官事見分張急修伏位上家業得安康

天醫宜修造家中百事宜君子遷官職小人福祿隨牛羊遍山野財帛喜慶知都緣福德上吉慶

定無疑
絕命多傷害年年有死亡暗風千般發爭訟理不
長田蠶皆不遂財破鬼偷將舊官須進退新職
又難當
凡宅修伏位能消萬禍休君子加官祿小人足田
牛倉庫尋常有富貴樂千秋若能依此法終世
永無憂

三吉六秀

三吉六秀主富貴之樞機而陰陽品配爲作用之元奥

三吉古云以貪巨武爲是然九星貪巨武有天定卦取用者有長生帝旺取配者有三匝取用者有生方取用者取用無一定之見故此言三吉者非九星貪巨武之謂也葢言亥與震艮三龍爲三吉矣要得陰陽相配乃可貴如艮見丙兑見丁巽見辛之類如陰陽相見

經曰陰陽相見福祿永禎陰陽相幸禍咎踵門

蓋以此也

精靈聚于六秀之方英粹誕于天門之上

艮丙巽辛兌丁爲六秀之位以天市垣在艮太微垣天貴星在丙主天下之祿天乙在辛太乙在巽主天下之福少微在兌壽星在丁主天下之壽福祿壽三者洪範爲五福之最洪範之數上應天星故其方之氣清貴純美而龍體秀麗故其方爲六秀但巽辛艮爲文章之府兌丙丁爲司籍之地故六秀方多出文章之士而艮丙則富貴雙全也又不如巽辛爲清貴樞要卯庚

則出入有謀畧威權至于亥爲紫微之垣天皇
之帝座其貴尤尊故曰粹誕于天門